U0548037

设计之美
——实用艺术品外观设计专利案例集

国家知识产权局专利局外观设计审查部　组织编写

知识产权出版社
全国百佳图书出版单位

图书在版编目（CIP）数据

设计之美：实用艺术品外观设计专利案例集/国家知识产权局专利局外观设计审查部组织编写．－－北京：知识产权出版社，2019.1

ISBN 978-7-5130-6002-8

Ⅰ．①设… Ⅱ．①国… Ⅲ．①外观设计—知识产权制度—案例—中国 Ⅳ．① D923.405

中国版本图书馆 CIP 数据核字（2018）第 287334 号

责任编辑：崔开丽　吴亚平　　　　责任校对：潘凤越
封面设计：SUN工作室　韩建文　　责任印制：刘译文

设计之美——实用艺术品外观设计专利案例集
SHEJI ZHI MEI——SHIYONG YISHUPIN WAIGUAN SHEJI ZHUANLI ANLI JI

国家知识产权局专利局外观设计审查部　组织编写
林笑跃　主编

出版发行：知识产权出版社 有限责任公司		网　址：http://www.ipph.cn	
社　址：北京市海淀区气象路50号院		邮　编：100081	
责编电话：010-82000860转8377		责编邮箱：549299101@qq.com	
发行电话：010-82000860转8101/8029		发行传真：010-82000893/82003279	
印　刷：北京嘉恒彩色印刷有限责任公司		经　销：各大网上书店、新华书店及相关专业书店	
开　本：720mm×1000mm　1/16		印　张：14	
版　次：2019年1月第1版		印　次：2019年1月第1次印刷	
字　数：400千字		定　价：88.00元	

ISBN 978-7-5130-6002-8

出版权专有　侵权必究
如有印装质量问题，本社负责调换。

编委会

主　编：林笑跃
副主编：王晓云　贾海岩
统稿人：张跃平　卞永军

撰稿人及编委：张跃平　洪　芳　肖　群
　　　　　　　　严若菡　冯　超

前言

在我国经济发展进入新常态的关键时期，提升设计创新能力，提高中国制造的竞争力，增加产品附加值，为企业赢得竞争优势，创造品牌价值是实现创新驱动发展战略的重要举措。《国务院关于新形势下加快知识产权强国建设的若干意见》中提出了研究完善实用艺术品外观设计专利保护制度的相关意见。为贯彻落实上述意见精神，由国家知识产权局专利局外观设计审查部牵头，与国家知识产权局专利复审委员会以及国家知识产权局专利局专利审查协作北京中心一起成立专项课题组共同承担了课题研究工作，完成了8万余字的课题报告和近5万字的调研报告。在此基础上，外观设计审查部成立编委会，于2018年编撰出版了本书——《设计之美——实用艺术品外观设计专利案例集》。

本书分为两部分，第一部分为理论部分，第二部分为案例部分。理论部分从问题导向出发，首先厘清实用艺术品的概念，并就相关国际公约，美国、英国、日本以及我国著作权和外观设计权等相关法律规范中对实用艺术品的保护模式进行了梳理和研究，进而从权利客体属性、立法目的、利益平衡等维度进行实用艺术品保护模式选择的法理分析，最后对我国实用艺术品的保护模式提出一些粗浅建议。案例部分共五章，从实用艺术品聚集度较高的家具类、灯具类、装饰品类、家电类和服装类产品中挑选近百件优秀的外观设计专利产品，力求从多角度展现不同类型实用艺术品的设计之美。各章前言部分从相关种类产品的概括、设计风格、专利数据、发展趋势等方面进行了简要介绍。案例部分除了展示精美图片外，还特邀业界知名设计师和设计教育专家对部分设计进行了专业点评，增加了本书的专业性和可读性。

本书在编撰过程中得到了学界、相关企业和外观设计审查部同仁们的大力支持和帮助，尤其是本书案例的收集得到了江南大学设计学院、顺德职业技术学院、清华大学美术学院相关领导及师生的大力支持与帮助。他们不仅从专业角度对收集的案例进行了筛选，还为本书推荐了不少优秀设计。此外，中国照明电器协会也推荐了灯具领域的几位知名设计师为本书推荐案例。在此一并致以最衷心的感谢！

本书定稿时间为 2018 年 9 月底，之后因专利权人等著录项目变更造成与本书记载专利信息不一致的，以专利登记簿记载的信息为准。

鉴于编撰人员水平所限，恐有不当甚至错漏之处，欢迎广大读者多提宝贵意见和建议。

本书各章节作者如下：

第一部分　第一节至第四节及第六节　张跃平

　　　　　第五节　洪　芳

第二部分　第一章　冯　超

　　　　　第二章　严若菡

　　　　　第三章　肖　群

　　　　　第四章　肖　群

　　　　　第五章　洪　芳

目录

第一部分　实用艺术品的著作权和外观设计权保护 ································ 1

第二部分　实用艺术品外观设计专利典型案例 ································ 59

　　第一章　家具类实用艺术品 ·· 61

　　　　　　家具案例 ·· 73

　　第二章　灯具类实用艺术品 ·· 103

　　　　　　灯具案例 ·· 115

　　第三章　装饰品类实用艺术品 ·· 143

　　　　　　装饰品案例 ·· 155

　　第四章　家电类实用艺术品 ·· 169

　　　　　　家电案例 ·· 179

　　第五章　服装类实用艺术品 ·· 191

　　　　　　服装案例 ·· 201

第一部分

实用艺术品的著作权和外观设计权保护

引言

"实用艺术品"并非一个法律术语,其在现实生活中是既"实用"又具有一定艺术成分的有形艺术品的总称。实用艺术品中符合著作权保护要件的被称为作品,符合外观设计权保护条件的被称为产品(欧洲的外观设计保护不必基于产品,但本书涉及的中国、美国、英国和日本四国均需基于产品的保护)。因此,实用艺术品概念既包含了著作权保护的实用艺术作品,又囊括了外观设计权保护的产品范畴。

学术界之所以提出"实用艺术品"这一概念,意在探讨这一跨界客体的保护模式,进一步厘清著作权和外观设计权对其保护的边界,完善相关知识产权的调整对象,充分保护权利人的合法权益,促进相关行业的健康发展。

因时间关系和作者的能力所限,本部分仅对几个有代表性的国家的相关法律进行了比较研究。

为了不产生歧义,除公约、法律条文及引用内容中的"实用艺术作品"外,其余一律采用"实用艺术品"这一术语进行论述。此外,为了表述的统一,英美法系中的"版权"均表述为"著作权"。

一、相关国际公约及概念

1. 相关国际公约

1.1《伯尔尼公约》

"实用艺术作品"的概念最早出现在1948年布鲁塞尔修订的《伯尔尼公约》中。《伯尔尼公约》的修订是在第二次世界大战刚刚结束,世界经济百废待兴的背景下做出的,一些欧洲国家已经开始对体现艺术特征的、用工业方法制作的实用艺术品给予著作权保护,因此在1948年的这次会议中提议将"应用于工业的艺术作品(Works of art applied to industry)"纳入保护,但英国、意大利等国家提出反对意见,因为这一提案会导致国内法重大原则的修改。英国政府认为将"实用艺术作品"限定于"工业"的提法过于严格,因为可以想象的艺术作品还可以适用于除工业外的其他领域❶。妥协的结果是删除"工业"一词,将"应用于工业的艺术作品"修改为"实用艺术作品(Works

---

❶ Records of the Conference Convened in Brussels, June 5 to 26, 1948, P279.

of applied art）",作为单独一类放入《伯尔尼公约》的第2条第1款作品种类的列举中。此外，因各成员国对作品的著作权保护并不一致，比如来自法国等"艺术统一性"❶的成员国的作品在其他成员国可能无法得到保护，受"艺术统一性"理论影响，1902年法国在立法中公开承认，对于外观设计的保护方式，企图在专利与著作权之间划条线的努力失败了。当年颁布的新的《法国著作权法》规定：一切外观设计（包括按照外观设计单行法获得了专利的设计在内）均可以享有著作权。法国这种双重保护制度后来被许多欧洲国家效仿。这就会造成来自后者国家的作品将在前者国家享受到在起源国都无法享有的著作权保护。为此，《伯尔尼公约》确立了对实用艺术作品保护的互惠原则。

《伯尔尼公约》第2条第1款规定："文学和艺术作品"一词包括文学、科学和艺术领域内的一切成果，不论其表现形式或方式如何，诸如书籍、小册子和其他文字作品；讲课、演讲、讲道和其他同类性质作品；戏剧或音乐戏剧作品；舞蹈艺术作品和哑剧；配词或未配词的乐曲；电影作品和以类似摄制电影的方法表现的作品；图画、油画、建筑、雕塑、雕刻和版画作品；摄影作品和以类似摄影的方法表现的作品；实用艺术作品；与地理、地形、建筑或科学有关的插图、地图、设计图、草图和立体作品。

《保护文学艺术作品伯尔尼公约指南》中列举："公约使用这种一般性表述来涵盖小摆设、首饰、金银器皿、家具、壁纸、装饰品、服装等的制作者的艺术品。"

《伯尔尼公约》第2条第7款规定：在遵守本公约第7条第4款之规定的前提下，本联盟成员国得通过国内立法规定其法律在何种程度上适用于实用艺术作品以及工业品平面和立体设计❷，以及此种作品和平面与立体设计受保护的条件。在起源国仅仅作为平面与立体设计受到保护的作品，在本同盟其他成员国只享受各该国给予平面和立体设计的那种专门保护；但如在该国并不给予这种专门保护，则这些作品将作为艺术作品得到保护。

《伯尔尼公约》第7条第4款规定摄影作品和作为艺

---

❶法国学者鲍莱特提出了著名的"艺术统一性"理论（Theory of the unity of art），该理论的核心内容在于：任何具有艺术美感独创性的表达，其在享受的法律保护程度上不应有所不同，均应被视为文学艺术财产来保护。"艺术统一性"理论的提出为当时苦苦寻求著作权与外观设计保护边界的法国人提供了一种截然相反的思路：既然一切区分的常识都是徒劳的，那著作权的保护应该扩展至所有工业艺术品上，包括那些应用于实用艺术品上的商业性设计。转引自马云鹏，《外观设计法律保护模式研究》，知识产权出版社2016年版。

❷"工业品平面和立体设计"即本文所指的外观设计，因《伯尔尼公约》主要由欧洲国家发起订立，而欧洲大部分采用不基于产品的纯设计保护，故公约中沿用了这一措辞。

作品保护的实用艺术作品的保护期限由本同盟各成员国的法律规定；但这一期限不应少于自该作品完成之后算起的25年。

从上述规定可以看出，《伯尔尼公约》规定成员国通过国内立法保护实用艺术作品或者工业品外观设计，可以以专门立法的方式保护，也可以以著作权法进行保护，同时没有排除给予双重保护。这就引发了业界对实用艺术品的外观设计权和著作权重叠保护的探讨。

1.2《世界版权公约》

1952年签订的《世界版权公约》其保护水平低于《伯尔尼公约》。其第1条中要求缔约国承允对文学、科学、艺术作品的作者及其他版权所有者的权利提供充分有效的保护。该公约第4条第3款规定，缔约国对摄影作品或者实用艺术作品作为艺术作品给予保护时，对每一类作品规定的保护期限不得少于10年。

1.3《与贸易有关的知识产权协定》

《与贸易有关的知识产权协定》（TRIPs协定）全面继承了《伯尔尼公约》中对实用艺术作品的相关规定。其第2条规定，就本协定的第二部分、第三部分和第四部分而言，各成员应遵守《巴黎公约》第1-12条和第19条。并进一步规定本协定的第一部分至第四部分的任何规定不应背离各成员国之间现有的依据《伯尔尼公约》等条约所相互承担的义务。在其第12条保护期限中排除了对于摄影作品或实用艺术作品的保护期限义务。第25条规定了各成员应保护新的独创的工业设计，第26条进一步规定对工业设计的有效保护期限应至少达到10年。

从上述三大国际条约的规定可以看出，《伯尔尼公约》对实用艺术作品保护的规定是最为全面的，在保护客体、保护方式和保护期限上均作出了明确的规定。《世界版权公约》的保护水平低于《伯尔尼公约》，其所包含的具体内容基本上为后者所覆盖。TRIPs协定全面承接了《伯尔尼公约》对实用艺术作品的相关规定。因此，就实用艺术作品保护而言，《伯尔尼公约》的影响最为深远。

2. "实用艺术品"的概念

2.1 对"实用"的理解

如前所述，"实用艺术作品"的概念最早出现在1948年布鲁塞尔修订的《伯尔尼公约》中。其第2条规定：成员国通过国内立法保护实用艺术作品和工业品外观设计。《保护文学艺术作品伯尔尼公约指南》中列举："公约使用这种一般性表述来涵盖小摆设、首饰、金银器皿、家具、壁纸、装饰品、服装等的制作者的艺术品。"《著作权与邻接权法律词汇》中,将实用艺术作品定义为"具有实际用途的艺术作品,而无论这种作品是手工艺品还是工业生产的产品"。《中华人民共和国著作权法(修订草案送审稿)》(以下简称《著作权法(送审稿)》)中规定,"实用艺术作品,是指玩具、家具、饰品等具有实际功能并具有审美意义的平面或者立体的造型艺术作品"。

从《伯尔尼公约》的修订过程可以看出,对"实用艺术作品"的保护是各成员国相互妥协的结果。由"应用于工业的艺术作品(Works of art applied to industry)"修改为"实用艺术作品(Works of applied art)"。因此,可以说"实用艺术作品"自其诞生之日起就和"工业"有着天然的渊源。"实用(Applied)"在原文中是一种广义的理解,即英文"Applied"的原意是"被实施的,被应用的",通常意味着一件以上的被复制及流通的物品。这就不难理解1988年《英国版权、外观设计与专利法》所规定的"一旦将享有版权保护的艺术作品作为设计应用于工业方法,其保护期限为投放市场之年的年末起25年"。再从《保护文学艺术作品伯尔尼公约指南》列举的作品类别来看,其不仅包含具有实际用途的金银器皿、家具、壁纸等,还包含仅具观赏价值的首饰、小摆设等,因此,实用艺术作品中"实用"的本意应是应用于工业生产,即批量化生产。从《著作权与邻接权法律词汇》和《著作权法(送审稿)》来看,"实用"就是指"实际用途"或"实际功能"。这里的实际用途或者实际功能按照通俗的理解应是狭义的,即除装饰功能或者满足人们的欣赏目的外还有实际的使用价值,如水晶灯具,其不仅美观具有观赏价值,还有照明的实际功能。因此,这里的"实用"包含有两层含义:适于工业化批量生产,具有实际用途。本书及后续内容重点讨论著作权和外观设计权对实用艺术品的保护,因无法批量生产的"实用艺术品"不属于外观设计权的保护对象,故不在探讨之列。

2.2 对"艺术性"的理解

对"艺术性"目前还没有明确的定义,多数研究者认为:艺术是人类按照美的规律创造世界,同时也按照美的规律创造自身的实践活动,其目的主要是实现一定的审美价值,满足人们心灵的渴求和精神的需要。❶ 实用艺术品中的"艺术性",如(2007)桂民三终字第62号(广西博白新毅工艺品有限公司等与庞某某著作权侵权纠纷上

---

❶ 唐家路等编著:《设计艺术学概论》,清华大学出版社2013年版,第2页。

诉案）❶中，广西高院认为，实用艺术品的"艺术"方面是指物品的艺术造型、外观设计、色彩装饰等，或者说是就物品的外观所做出的富有美感的艺术表述。

外观设计权和著作权领域对"艺术性"的要求是不同的。在著作权领域，独创性和可复制性是作品的两个基本属性。实用艺术品成为作品能够受到著作权保护的实质要件之一是要具备独创性。著作权仅保护实用艺术品中的"艺术性"，因此"艺术性"必然要融入"独创性"要件统一判断，除抄袭临摹外，也可以说实用艺术品的独创性就体现在其艺术性高度上，只要作品艺术性创作达到一定高度符合独创性要求，就给予著作权保护。对于艺术成分独创性的判断，如（2013）民申字第1355号（乐高公司与广东小白龙动漫玩具实业有限公司等侵害著作权纠纷再审案）❷中，最高法院认为，对于那些既有欣赏价值又有实用价值的客体而言，其是否可以作为美术作品保护取决于作者在美学方面付出的智力劳动所体现的独特个性和创造力，那些不属于美学领域的智力劳动则与独创性无关。在外观设计权领域，仅要求实用艺术品富有美感即可，而美感的主要意图在于将外观设计权保护客体的属性与技术专利保护客体的属性区分开来，表明前者保护的是一种使人产生视觉感受的设计方案。就我国而言，从实施专利法以来，国家知识产权局对是否"富有美感"只做定性判断，而不做定量判断，还没有一件申请或者专利因为缺乏美感而被驳回或者被无效。对于适于工业生产而没有实际用途的实用艺术品如饰品、小摆设而言，其艺术价值相对较高，在满足其他授权条件的情况下最有可能获得著作权和外观设计权的重叠保护。

二、我国的实用艺术品保护

1. 我国《著作权法》的保护

我国《著作权法》对本国人的实用艺术品保护经历了从拒绝保护到默认保护两个阶段。

1.1 拒绝保护阶段

我国《著作权法》于1990年颁布，其中第7条规定：

---

❶law.chinalawinfo.com，北大法宝—中国法律检索系统。
❷同上。

科学技术作品中应当由《专利法》《技术合同法》等法律保护的，适用《专利法》《技术合同法》等法律的规定。第52条规定，本法所称的复制，指以印刷、复印、临摹、拓印、录音、录像、翻录、翻拍等方式将作品制作一份或者多份的行为。按照工程设计、产品设计图纸及其说明进行施工、生产工业品，不属于本法所称的复制。这两个条款为实用艺术品的《著作权法》保护设置了障碍。

第二个阶段是外国人的超国民待遇保护阶段。1992年7月1日全国人大决定我国加入《伯尔尼保护文学和艺术作品公约》，由于我国《著作权法》不保护实用艺术品，而《专利法》又有新颖性的要求，导致很多已经公开的实用艺术品在我国也无法得到《专利法》的保护，所以认为按照当时我国的法律不能履行保护实用艺术品的义务，故国务院于1992年9月25日发布了《实施国际著作权条约的规定》，该规定第1条就明确规定，"为了实施国际著作权条约，保护外国作品著作权人的合法权益，制定本规定"。因此，这一规定只适用于保护外国著作权人的作品，不适用于保护我国著作权人的作品。外国实用艺术品超国民待遇保护的典型案例是瑞士英特莱格公司诉可高（天津）玩具有限公司、北京市复兴商业城侵犯著作权纠纷案❶，法院认为本案所涉及的50种玩具积木具有一定的艺术创作高度，具备了实用性、艺术性、独创性和可复制性，应当被认定为"实用艺术作品"。

该规定同时指出"外国实用艺术作品的保护期为自该作品完成起25年，美术作品（包括动画形象设计）用于工业制品的，不适用此规定"。"实用艺术作品"的保护期只有25年，而美术作品的保护期限为50年。区分标准在于实用成分和艺术成分是否可分割。如壁纸虽然具有实用性，但其实用性和艺术性是可以分开的。壁纸可以换成其他图案，也可以成为不带任何图案的单色壁纸。类似的例子还有印有美术作品的文化衫、织有各种图案的地毯等。这些客体虽然都属于工业制品，但是其中的艺术成分是可以分离出去的。对于这种客体，仍视为美术作品。"美术作品（包括动画形象设计）用于工业制品的"就属于这种情况。❷对于我国著作权人，在这个阶段获得著作权法保护的仅是用于工业制品的美术作品，即物理可分离的"实用艺术作品"。

---

❶ law.chinalawinfo.com，北大法宝—中国法律检索系统。
❷ 许超："浅论实用艺术作品的著作权保护与外观设计保护的关系"，http://www.cnki.net，最后访问日期：2018年1月31日。

1.2 作为"美术作品"保护阶段

我国于2001年修改《著作权法》,删除了1990年《著作权法》中阻碍实用艺术品保护的两个条款,为实用艺术品的《著作权法》保护扫清障碍。但是修改后的《著作权法》仍未明确将实用艺术品作为其保护客体。究其原因,在《著作权法修改释义》中有以下几点解释。一是实用艺术品同纯美术作品不易区分,有些美术作品创作出来的时候属于纯美术,但是可以用在工业产品上,比如齐白石的画最初是纯美术作品,以后可能印在茶杯上,如果印有美术作品的茶杯也由《著作权法》保护,就会混淆文学艺术作品与工业产品的界线,而工业产品本应由工业产权调整,不应由《著作权法》调整。二是实用艺术品同工业产权中的外观设计不易区分,工业产权保护在手续和保护期方面显然不具备著作权保护的优势,如果都用著作权保护,就会严重影响工业产权保护体系的发展。三是实用艺术品同工艺美术作品不容易区分。❶ 但是,国务院在我国加入《伯尔尼公约》前颁布了《实施国际著作权条约的规定》,第6条规定了伯尔尼成员国的实用艺术品在我国可以受到《著作权法》保护。这一解释反映了当时立法者对实用艺术品著作权保护的一种纠结和无奈。笔者认为此次修改没有纳入保护的原因主要是担心混淆工业产权和著作权之间的保护界限。

2001年修改《著作权法》后,根据我国参加的国际公约和相关法律规定,对实用艺术品的著作权保护,在司法实践中是从实用艺术品的实用性和艺术性角度分别予以考虑,实用性部分不适用著作权保护,而艺术性部分可以归入《著作权法》规定的"美术作品"予以依法保护。从司法实践中的一些判例可知,法官并没有停滞于物理可分离这一测试方法,有些判例对观念上是否可分离的测试标准也有论述。即无论是物理上可分还是观念上可分,都可以作为美术作品获得著作权50年的保护。

笔者检索到的论述观念可分离的案例较少,如(2015)沪一中民五(知)终字第30号(蓝盒公司诉多美滋公司等侵犯作品复制权、发行权案)❷,涉案产品"小熊游乐行李车"(见图1)由滑轮游乐车车身(同时也是滑轮行李箱箱体)与熊脸面板(同时也是游乐车龙头)两部分组成,法院认为该产品从整体上说,它是一个具有实用功能的玩具,同时熊脸图案的面板又有较强的艺术美感。作为滑轮行李箱时,其具有实用功能的箱体与具有艺术美感部分的熊脸面板,从物

---

❶ http://m.chinalawedu.com/new/,最后访问日期:2018年1月31日。
❷ http://www.ciplawyer.cn/ndjxbq/122613.jhtml,"2015年度全国法院知识产权典型案例展示(著作权篇)"。

理上可以区分并相互独立。熊脸面板拉起后，滑轮行李箱变成了可供幼童骑乘的滑轮游乐车，相应地，熊脸面板就成了游乐车的龙头，即具备了游乐车龙头的功能。此时，龙头和车身（即行李箱箱体部分）从物理上仍可分离，但龙头部分本身既有熊脸图案，又有龙头实用功能，两者是融为一体的。从物理上难以分离，但可以从观念上分离，因为龙头设计成其他动物形象或其他图案，甚至没有图案，都不会影响龙头的实用功能。基于可分离标准，《著作权法》保护的仅是熊脸面板中的熊脸图案部分，而非整个小熊游乐行李车。

图1 小熊游乐行李车

大多数判例仅是论述实用艺术品的艺术性部分是否达到审美意义的高度。如（2008）二中民初字第12293号（欧可宝贝有限公司诉慈溪市佳宝儿童用品有限公司等侵犯著作权纠纷案）❶，北京市第二中级人民法院认为，涉案Spidy小兔坐便器（见图2）❷、Ducka小鸭坐便器垫及Buddy小熊沐浴躺椅，将动物形象与儿童使用的坐便器、坐便器垫和沐浴躺椅相结合，造型独特，具有审美意义和艺术性、独创性和可复制性，符合我国《著作权法》规定的作品的构成要件，应当受到我国《著作权法》的保护。

图2 Spidy小兔坐便器

在（2008）沪二中民五（知）初字第187号民事判决书（英特—宜家系统有限公司诉台州市中天塑业有限公司侵犯著作权案）❸中，法院认为，对于外国实用艺术作品的权利人申请著作权保护时，应当审查涉案实用艺术作

---

❶ law.chinalawinfo.com，北大法宝—中国法律检索系统。
❷ 图片来源：https://www.chinalawinsight.com/2012/11/articles/dispute-resolution/，"我国司法实践中对实用艺术品的保护途径（一）"，最后访问日期：2018年9月28日。
❸ law.chinalawinfo.com，北大法宝—中国法律检索系统。

品在审美意义上是否具有美术作品应当具备的艺术高度，从审美意义上分析作品的艺术高度，一般从作品思想、表达方式是否具备独创性等方面考察。玛莫特儿童椅和儿童凳（见图3、图4）❶属于造型设计较为简单的儿童椅和儿童凳，不具备美术作品应当具备的艺术高度。

图3　玛莫特儿童椅　　　图4　玛莫特儿童凳

此次《著作权法》修改之后的司法实践完全解决了实用艺术品著作权保护的超国民待遇问题。但是按照国民待遇原则，外国人的实用艺术品符合美术作品保护要件的同样也给予50年的保护期限，超出了《伯尔尼公约》对实用艺术品的最低保护期限。但25年的保护期实际上是各国相互妥协的最终结果。目前世界上绝大多数国家对实用艺术品的保护早已突破25年。

在2012年3月公布的《著作权法（送审稿）》中首次将"实用艺术作品"作为一类客体单独列出："实用艺术作品，是指玩具、家具、饰品等具有实用功能并有审美意义的平面或者立体的造型艺术作品。"并规定实用艺术作品自发表时起享有25年的保护期限。送审稿在征求意见阶段即在学术界和实务界引发不少争论。

2. 我国《专利法》的保护

我国的外观设计保护是通过专利权保护的形式实现的。我国《专利法》第2条第4款规定，"外观设计，是指对产品的形状、图案或者其结合以及色彩与形状、图案的结合所作出的富有美感并适于工业应用的新设计"。从定义上看，首先，外观设计是产品的外观设计，而非单纯设计，其载体必须依托于产品。其次，构成产品外观设计的要素为形状、图案、色彩。再次，外观设计要适用于工业应用，即外观设计能应用于产业并能批量化生产，这与外观设计是否已经在产业上应用实施无关，只要具备能够在产业中被批量生产的可能性即可。最后，外观设计专利要求保护的产品外观设计要富有美感，富有美感的主要意图在于将外观设计专利权保护客体的属性与发明、实用新型专利保

---

❶ 图片来源：https://www.chinalawinsight.com/2012/11/articles/dispute-resolution/，"我国司法实践中对实用艺术品的保护途径（一）"，最后访问日期：2018年9月28日。

护客体的属性区分开来。关注的侧重点在于产品的外观给人的视觉感受，而不是产品的功能特性或者技术效果。相关规定是为了禁止纯功能性设计的授权，而对外观设计的艺术性高低不做评判。迄今为止还没有一件因为不具有美感被驳回的外观设计。

实用艺术品如果可以批量化生产，就完全符合外观设计专利的定义，首先，实用艺术品依托于产品，其本身也是由形状、图案、色彩等构成；其次，艺术性也完全满足外观设计对美感的要求。一直以来实用艺术品就是外观设计专利的保护对象，有大量的申请分布于装饰品、厨具、玩具、服装、纺织、灯具、家具等领域。但是外观设计产品由于受功能、技术的限制，可能妨碍产品美学"艺术性"的自由发挥，因此其"艺术高度"总体来说相对比较低。

3. 现存问题概述

3.1 著作权保护存在的问题

3.1.1 实用成分与艺术成分分离的标准比较模糊

《著作权法》保护实用艺术品的艺术成分而非实用功能，否则，就会混淆著作权和专利权之间的客体边界，将本该通过严格审查才能给予较短期限垄断性技术专利保护的技术方案落入保护期限较长保护条件较为宽松的著作权的保护范畴，阻碍技术进步。在我国《著作权法》的立法和司法实践中，不像美国那样有明确的实用成分和艺术成分的分离测试理论，司法判例中仅检索到个别判例对实用性和艺术性是否可分离进行了论述。大多数判例仅是从艺术性的高度来确认能否获得著作权法保护。这似乎可以认为法院首先已经肯定了二者的分离属性。

而有些判例，法院之间的标准并不统一。比如（2007）冀民三终字第16号民事判决书（华斯公司案）[1]一审法院认为，"实用艺术作品"是物质与艺术相结合而又可分离的独立存在的艺术作品。"实用艺术作品"受《著作权法》保护的前提条件，就是实用性与艺术性二者相互结合，又可分离而独立存在。华斯公司的服装主要体现的是实用功能，其服装艺术美感又与实用功能本身无法分离而独立存在。对此，华斯公司生产的服装成衣属实用品，因而不是受《著作权法》保护的客体。二审法院认为，只有对那些具有实用性但更具有艺术欣赏性的服装其作为实用艺术作品才能得到著作权保护，保护的客体是体现在这种服装上

---

[1] law.chinalawinfo.com，北大法宝—中国法律检索系统。

的设计者的思想、情感的具有艺术性的独特表达方式。从"实用艺术作品"所要求的艺术性来看，华斯公司两款服装仅是利用了服装设计中的一些惯常元素进行的组合，这种组合并未构成华斯公司所独创的艺术表达形式，因此，华斯公司所设计的HS-65、HS-12A两款服装的成衣只是实用品，不能作为"实用艺术品作品"受到我国《著作权法》的保护。从这一案例来看，一审法院认为华斯公司的两款服装的实用成分和艺术成分不可分离，因而不属于著作权的保护客体，二审法院根本没有对此进行论述，而是认为华斯公司的服装没有达到独创的艺术性表达形式，即没有达到美术作品的最低艺术性要求。虽然二审法院维持一审原判，但对实用艺术品能否给予保护的判断标准是不一致的。二审法院在判断是否达到美术作品的最低艺术性要求之前，似乎已经默认实用性与艺术性在观念上是可分离的。

3.1.2 独创性要求以及艺术性标准高低不统一

《著作权法》保护的实用艺术品必须具备独创性，而作为美术作品保护的实用艺术品又要满足美术作品的独创性，除抄袭临摹之外，美术作品的独创性应当等同于其艺术创作高度。由于艺术性的判断个人主观性较强，学术界存在不同的观点，一种观点认为，"实用艺术作品"同时具有艺术性和实用性，前者决定了产品设计中有艺术美感成分，后者又限制和影响艺术美感的质量，因此，其独创性的标准应适当低于纯美术作品。❶另一种观点认为，"实用艺术作品"应具有较高的独创性标准，否则将破坏原有的利益平衡，不利于设计的发展和创新。❷各地法院对艺术性标准的把握也不一致。在英特莱格公司、乐高海外公司与东莞市乐趣玩具实业公司专利权、版权、不正当竞争纠纷案❸中，一审法院认为，"实用艺术作品"应在具备实用性的同时，具备艺术作品所应具备的条件。具备艺术作品的条件是其受到版权保护的原因与理由。而原告请求保护的玩具组件虽然具有实用性，但缺乏艺术作品所必备的条件。不能认定这些玩具组件为《伯尔尼公约》所要求保护的"实用艺术作品"。对本案作出终审判决的广东省高级人民法院则认为，涉案一套34件作品（组合玩具中的元件），第1、2、3、4、5、6、7、8号作品为半身人头像，这8件作品，人物形象比较完整，面部表情较丰富，能表达出人

---

❶ 转引自马云鹏著：《外观设计法律保护模式研究》，知识产权出版社2016年版，第143页。
❷ 同上书，第144页。
❸ law.chinalawinfo.com，北大法宝—中国法律检索系统。

的思想感情，具有一定的审美意义，应确认上诉人对这8件作品享有著作权。

3.2 外观设计专利权保护存在的问题

3.2.1 授权周期长

实用艺术品非常特殊，如服装、灯具类的流行产品，其产品生命周期短、更新换代快；某些与重大事件相关的工艺美术作品，时效性非常强。其产品一上市就会遭到仿冒，此时权利人不能取得权利证书就无法起诉，而当拿到证书之后，产品已经过了销售热潮期。"快"成为大多数实用艺术品行业的首要需求。

目前，我国外观设计的审查周期一直在缩短，但仍不能满足此类型产品对授权周期的需求，建立更便利、更快速的保护机制非常必要。

相信随着各地快速维权中心和知识产权保护中心在产业集聚区的建立，在申请文件质量有保障的前提下，外观设计专利证书"立等可取"的时代也许为时不远了。

3.2.2 费用高

外观设计专利权需要缴纳一定的费用，如申请费、年费等。通过调研我们发现，企业在产品设计中可能会产生大量的设计，但只有部分设计投入生产，这些投产产品哪些会带来收益也不是他们所能预期的。全部申请成本太高，而有选择申请又有一定难度。这是由于是否能带来效益往往需要市场的检验，而我国又没有新颖性宽限期制度，所以有选择地在进入市场之前申请专利不太现实。考虑到成本核算，企业只能在投产之前挑选部分设计申请专利。

3.2.3 行政执法力度弱

一直以来外观设计司法保护存在诉讼周期长、维权成本高的问题，缺乏对一些小纠纷的快速调解处理能力，而这正是行政执法能发挥作用的地方。但是专利行政执法的权限和力度都很弱，对于专利侵权行为的处理，行政机关只能责令侵权人停止侵权行为，无权实施查封、扣押侵权产品等相关措施。

随着机构改革方案落地，知识产权与市场更加深度融合，加强了专利调解、执法的快速响应，弥补了当前专利行政执法的薄弱点，保护力度将会得到进一步加强，能更好更快地满足企业需求，尤其是对实用艺术品等需要外观设计保护的企业的需求。

3.3 外观设计专利权到期后著作权能否继续保护的问题

外观设计专利失效后是否自动进入公有领域，公众是否可以自由使用？这一问题的争议焦点集中体现在外观设计失效后著作权是否依然保护，外观设计失效后著作权的保护范围是否发生改变。一种观点认为，双重保护延长了外观设计保护期限，使得过期外观设计迟迟不能进入公有领域，这与设立外观设计权的目的之一，即仅仅赋予较短期限的保护不符。此外，在制度生存竞争中，双重保护可能鼓励当事人更多地使用著作权制度而不是外观设计专利权制度。❶ 在（2013）浙嘉知终字第5号（谢林瑞"老谢榨菜"包装袋案）❷ 中，浙江省嘉兴市中级人民法院二审法院认为，社会公众有理由相信该专利已经进入公有领域，可以自由使用，若仍允许以享有外观设计专利中外观设计图片的著作权为由阻碍他人实施已经进入共有领域的专利，显然有损于社会公众的信赖利益，亦与《专利法》的宗旨相悖。

另一种观点认为双重保护原则符合当今发展趋势，认为对于既符合作品要件又符合外观设计专利授予要件的实用艺术品，同时给予著作权和外观设计专利权保护是合理的而且正当的。著作权与外观设计专利权两种权利取得机制存在差异，使得两种权利具有同时合法存在的基础，这也是"一体两权"存在的根本原因。即使是实用艺术品经著作权人申请又被授予了外观设计专利权，也不会因此使作者的著作权丧失。更进一步说，即使两种权利中的一种权利过期、失效或者被宣告无效，另外一种权利仍然存在。外观设计专利权和著作权取得和授予条件不同，一种权利的丧失和另外一种权利的存在与否没有任何关系。如在江苏高院（2015）苏知民终字第00037号（常州淘米装饰材料有限公司与北京特普利装饰装帧材料有限公司侵害著作权纠纷案）诉讼❸ 中，一审法院和江苏高院认为，在知识产权领域内，一个客体可能同时受到多种知识产权的保护，其中一种权利的获得并不当然导致其他权利同时失去效力。在作品基础上获得的外观设计专利，权利人同时拥有专利权和著作权，该外观设计失效后，权利人丧失的仅仅是专利法保护的相关权利，而其享有的著作权依然存在，仍受著作权的保护。

三、美国的实用艺术品保护

如何区分著作权法和专利法对实用艺术品的保护成为了立法者和司法界经常面对的问题。在著作权法和外观设计专利法对实用艺术品的保护方面，美国的做法对我们有

---

❶ 应振芳著：《外观设计研究》，知识产权出版社2008年版，第234页。
❷ law.chinalawinfo.com，北大法宝—中国法律检索系统。
❸ 同上。

一定的启发。1909年美国国会将著作权的保护范围扩大到作者的所有作品，旨在删除1870年《美国著作权法》中仅保护纯美术作品的条款。有关纯美术作品与实用艺术品的争议从此得以停息，但并非所有的实用艺术品都可以获得著作权保护。《美国著作权法》对实用艺术品的保护一直坚持"可分离特性与独立存在"的判断原则，即只有在"艺术特征"可以与物品的实用功能相分离并能独立存在的情况下，其"艺术特征部分"才有可能作为艺术作品获得著作权保护。外观设计专利法保护产品外观的新颖的、非显而易见性的装饰性设计。著作权所保护的与实用功能分离的"艺术特征"和外观设计专利保护的非功能的"装饰性"之间在艺术表达上有何异同？二者均不保护实用物品的功能，那么在认定"非功能性"方面的要求有何不同？

1.《美国著作权法》的保护

1.1 Mazer案确立实用艺术品的著作权保护

对于"实用艺术品"的保护，可以追溯到美国最高法院于1954年作出的具有里程碑意义的Mazer案[1]。Mazer案是依据1909年《美国著作权法》所作出的判决，本案中，美国最高法院在回顾了著作权法保护客体的不断发展变化后指出，小雕塑是否用于台灯所具备的专利性并不妨碍其还能取得著作权保护（见图5），著作权法或者其他法律并没有说因为某物可以获得专利保护就不能获得著作权保护。美国最高法院进一步指出，著作权和外观设计专利保护的分界不在于美和实用性，而在于著作权保护艺术，外观设计专利保护独创的和装饰性的外观设计。从美国最高法院的观点可以看出，美或者艺术并非著作权所独有，外观设计专利所保护的客体同样可以具备美或者艺术成分。

---

[1] Mazer v. Stein, 347 U.S. 201（1954）. 原告Mazer将自己创作的人体舞蹈的小雕像造型依据《美国著作权法》进行了注册，其将复制品作为台灯底座使用、销售。被告Stein未经原告授权也制作并出售了带有该造型的台灯底座。于是，Mazer以侵犯其著作权为由将Stein诉上法庭。一审判决原告胜诉。被告不服，上诉至美国最高法院。该案争议的事实在于，美国版权局登记的是作为"艺术作品"的小雕塑，但该小雕塑打算作为或者已经作为台灯使用（连同电线、插座和灯罩）。被告认为，当艺术家变成制造商或者产品设计者时，他只能寻求外观设计专利法的保护而不是其他。美国最高法院没有支持被告的主张，维持了上诉法院的判决。

图5❶　台灯底座

美国最高法院作出的Mazer案的判决，对于艺术品的保护扩展至那些既具有艺术性又起到某种实用目的之作品。美国版权局不久之后重新制定了著作权登记规则。

在著作权法修改过程中，美国立法委员会（House Committee）试图用"可分离性"检验标准尽可能在著作权保护的实用艺术品和不保护的工业品外观设计之间划出一条界限。立法委员会报告（House Committee Report）写道：二维的绘画、图形或图画作品当其印制或应用于实用物品如织物、壁纸、容器及类似物之上时能够被识别，同样，当一件雕像或雕刻品用于修饰工业品，例如Mazer案，被包含到物品中而没有失去其作为一件艺术品而独立存在时，也能够被识别。另外，尽管工业品外观形状可能具备审美价值，立法委员会并没有意图给予其著作权保护，除非汽车、飞机、服装、食品加工器、电视机等任何工业品包含了一些可与物品的实用方面物理上或观念上可分离的，并可被识别的要素。与物品的实用方面"分离并独立存在"并不依赖于外观设计本身，即使物品的外观设计被认为是具有美学意义的（相对于功能性而言），但也仅仅是（如果有的话）从物品的实用方面可识别地分离出来的这些美学要素可以受到著作权保护。即使三维设计包含有一些这种美学要素，例如，椅背上的雕刻、银质餐具上的花浮雕，可以受到著作权保护的也仅仅是这些美学要素，而非这些实用物品的整体外形。❷

《美国著作权法》第101条对实用物品进一步给出了定义：具有内在实用功能的物品，其非仅描绘物品的外观或者传递信息。在正常情形下为实用物品一部分的物品视为"实用物品"。❸根据美国版权局的著作权登记政策，美国著作权法不保护实用物品、具有实用功能的设计或者绘

---

❶ 图片来源：Stephen Carlisle，It's Fashion Week at the Supreme Court！，March 30, 2017, //WWW.NOVA.EDU/，最后访问日期：2018年9月17日。
❷ Robert A. Gorman Jane C.Ginsburg，Copyright -cases and materials，Foundation Press seventh edition，P230.
❸ 参见《十二国著作权法》，清华大学出版社2011年版，第722页。

画、图形和雕塑作品中的任何功能性部分。然而，实用物品中可以与物体实用性相分离的装饰部分有可能受到著作权法保护。❶

在修改后的1976年《美国著作权法》中，明确了"作者有独创性的作品在任何有形物质载体上的表达"均可以得到保护。该法案所保护的"作者的作品"包括"绘画、图形和雕塑作品"。绘画、图形和雕塑作品包括二维和三维的精美的图形的实用艺术品、摄影作品、印刷品、艺术复制品、地图、地球仪、表格、图表、模型以及技术图纸，包括建筑平面图。有且仅有在实用艺术品设计的绘画、图形和雕塑特征在观念上或物理上可与其实用性部分相分离时，"实用艺术品的设计才能被视为绘画、图形和雕塑作品"获得著作权保护。随着这次修订，新的著作权登记规则把可分离判断引入了美国著作权法中。依照该规定："如果一项物品的唯一内在功能在于其实用性，那么即便该物品拥有独特且吸引人的外形，也不能构成美术作品。但是，如果实用物品的形状中体现了艺术雕塑、艺术雕刻或者绘画表达等艺术特征，当它们可以作为美术作品被分离地识别与独立地存在之时，就可以取得著作权登记。"这就是著名的"可分离特性与独立存在原则"。也就是说，已经享有著作权保护的作品，当体现在或应用于一件实用艺术品上时，只要满足"可分离特性与独立存在原则"，就能受到著作权保护，即艺术和工业生产不是互相排斥的。

确定一件作品是否可受著作权保护要考察两个条件，第一要确认寻求著作权保护的设计是否为"实用艺术品的设计"，如果是的话，还需要确认第二个条件，即实用艺术品设计中的绘画、图形和雕塑特征是否在观念上或物理上可与其实用性部分相分离并独立存在。第二个条件通常被称为实用艺术品设计中绘画、图形和雕塑特征"可分离特性"与"独立存在"的检验方法。

1.2 美国著作权法的保护标准

1.2.1 "物理上可分离特性"检验方法

对于"可分离特性"检验方法，实践中美国版权局和各级法院采用两种方法来确定实用艺术品设计中的绘画、图形或雕塑特征是否可以与其实用性部分相分离，即"物理上可分离特性"和"观念上可分离特性"。

美国版权局对"物理上可分离特性"检验标准的界定如下："物理分离意味着实用艺术作品中的绘画、图形或雕

---

❶ Compendium of U.S.Copyright Office Practice, Third Edition, para 906.8.

塑特征通过常规手段从物理上与该艺术品分离后，艺术品的实用性部分仍能完整保留"。例如，美国版权局认为"汽车上具有创意的装饰性罩装饰品"，可以从汽车罩上撕下，而不会破坏装饰品或者汽车本身，这是汽车设计在物理上可分离的雕塑特征，即可与"汽车"的实用性部分相分离而独立存在的艺术设计。这一标准容易理解也易于操作，但并不能应用在所有的案件中。有些文章认为Mazer案适用的是物理上可分离特性测试标准，即作为台灯底座的人体雕像可以从物理上与台灯的其他实用部分分离，分离后的台灯底座就是一件独立存在的人体雕像，其受著作权保护。但按照上述美国版权局的标准，还需要分离后的艺术品的实用部分仍能完整保留。将Mazer案中的人体雕像与灯的其他部分分离后，人体雕塑是可以独立存在的，但去除作为台灯底座的雕塑后已经破坏了台灯的整体构成，没有底座的台灯还能被称为"台灯"吗？其显然不符合美国版权局的"物理上可分离特性"检验标准。

1.2.2 "观念上可分离特性"检验方法

在判定实用艺术品设计中的绘画、图形或雕塑特征无法从物理上与其实用性部分相分离时，美国版权局将适用"观念上可分离特性"进行检验。"观念上可分离特性"即指实用艺术品的特征可以被明确地识别为绘画、图形或雕塑作品，尽管事实上它无法通过常规手段从物理上与实用艺术品相分离。例如，美国版权局认为以下艺术作品在观念上可以与实用艺术品相分离：花瓶上的雕花，椅背上的雕刻，印在T恤或者壁纸表面的绘画。

美国判例中也有不少适用"观念上可分离特性"的判断标准，例如第二巡回上诉法院于1980年作出的"Kieselstein-Cord（皮带扣）"一案❶（该案适用的标准称之为"主次要判断法（The Primary - Subsidiary Approach）"。所谓"主次要判断法"是指如果设计的艺术特征相对于附属的实用功能是"主要的"，则绘画、图形或雕塑特征在观念上是可分离的）。该案中上诉法院认为皮带扣含有在观念上可以分离的雕塑元素（见图6），因为许多人用这些雕塑性元素来装饰自己的身体，如其缩小版的复制品作为项链饰品佩戴，而不是用作腰带。皮带扣首要的审美功能可以与其次要的实用功能相分离，因而满足观念分离的要求。作为实用艺术品，皮带扣可

---

❶ Kieselstein-Cord v. Accessories by Pearl, Inc., 632 F. 2d 989（2d Cir.1980）. 本案上诉人Barry Kieselstein-Cord生产了两款金银材料制作的皮带扣，该皮带扣上带有精美的雕刻图案花纹，皮带扣在1978年以"珠宝饰品"公开，并于1980年以此在版权局登记注册。皮带扣在市场上获得成功。其缩小版的复制品作为项链饰品佩戴。诉讼开始后上诉人将皮带扣捐赠给博物馆作为永久馆藏。被上诉人承认其复制了上诉人的皮带扣，但是并未采用贵金属而是用一般金属材料制成。

以被看成是一件珠宝饰物而独立存在受到著作权的保护。该上诉法院在其后的案例中进一步肯定了皮带扣观念上可分离的特性，认为皮带扣的装饰性表面不是其功能所必需的，其美学特征是经过构思后附加上去的。

图6❶　皮带扣

法院关于观念上可分离的测试方法还有"过程导向法"（Process-Oriented Approach）。过程导向法就是聚焦于创造物品的过程。如在"Brandir International, Inc（自行车支架）"一案❷中（见图7），第二巡回法院采用了德尼科拉（Denicola）教授的观点：能否受到著作权保护的问题应当变成提供作品与工业设计过程之间的关系。他认为工业设计占主导地位的特征是受实用而非艺术影响的，表现艺术表达的作品不受功能考虑的限制。德尼科拉测试法应当阐述为，如果设计元素表现为美学与功能融合在一起，则作品的艺术方面不能说是与功能元素在观念上可分离的，相反，如果设计能被认为是反映了设计者的艺术判断，并且没有受到功能影响，则存在观念上的分离特性。

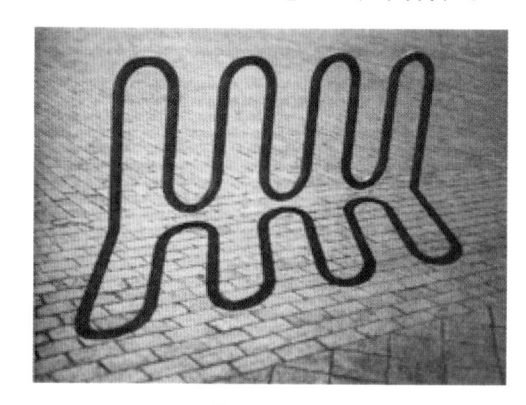

图7❸　自行车支架

上述两种测试方法一种注重创作者的主观意图和出发

---

❶ 图片来源：http://coolcopyright.com/application/files/9514/3983/4331/3e_Kielstein-Cord.pdf。
❷ Brandir International, Inc. v. Cascade Pacific Lumber Co., et al., 834 F.2d 1142（2d Cir. 1987）；5 U.S.P.Q.2D（BNA）1089. 原告布兰德国际公司的老板列文根据他过去设计的一些铁丝雕塑作品设计了一种丝带状自行车支架，由一根弯曲连续的铁丝制成。此设计曾获得全美工业品外观设计协会设计奖，并得到《纽约时报》等媒体的广泛报道。布兰德公司曾为此自行车支架大做广告，投入很多。但当此设计递交美国版权局申请登记著作权时，却被该机构以"本作品没有任何成分可同实用物品的形状分离出来，作为受著作权法保护的图形、图像或雕塑作品而独立存在"为由而拒绝登记。与此同时，另一家公司却开始对其仿造。布兰德公司遂在法院起诉。
❸ 图片来源：http://coolcopyright.com/contents/chapter-4/brandir-international-v-cascade-pacific-lumber，最后访问日期：2018年9月17日。

点,另一种以观察者是否可以获得与实用无关的美感来判断物品是否受到著作权保护。但无论哪种方法,笔者认为这种"观念上可分离特性"的判断方法本质上在于判断实用艺术品的艺术性高度。

对于"观念上可分离特性"的判断,各级法院的法官在实践中尝试着各种办法,除上述"主次要判断法""设计过程法"之外,还有"客观必要法""单独存在法""销售可能性法"等,法官通过各种方法从不同角度对"观念上可分离"标准进行实践,但事实证明,很难运用统一的"观念上可分离标准"来区分可以获得著作权保护的实用艺术品和不可以获得著作权保护的工业品。

针对各地法院混乱复杂的情形,美国最高法院在著名的 Mazer 案后 60 年再度审理关于实用艺术品的著作权保护案,即 Varsity Brands, Inc. v. Star Athletica❶ 一案。美国最高法院在 2017 年 3 月 22 日作出判决,认定拉拉队服装(见图 8)设计享有著作权。法官以 6∶2 的表决结果维持了美国联邦第六巡回上诉法院判决,对实用艺术品受著作权保护的"可分离"标准给出了权威解释,认为拉拉队服表面设计符合"可分离"标准能够获得著作权保护。

在判决中,美国最高法院认可著作权法保护实用艺术品

设计 299A   设计 299B   设计 074   设计 078   设计 0815

图 8 Varsity 拉拉队制服设计

注:上述五款设计的著作权注册号依次为 No.VA1-319-228,No.VA1-319-226,No.VA1-411-535,No.VA1-417-427,No.VA1-675-905。

---

❶ Varsity Brands, Inc. v. Star Athletica, LLC, 799 F.3d 468(2015).

中可以在物理上或观念上与其实用性部分相分离的"绘画、图形或雕塑特征",认可 2015 年美国第六巡回法院在 Varsity Brands, Inc. v. Star Athletica 一案中对涉及 Varsity 拉拉队制服设计中的图形特征进行了详细的可分离性判断,同时提供了判断一项设计是否属于著作权法保护的步骤和方法❶。但是对本案的判断并没有区分"物理上"还是"观念上"可分离。多数法官的观点认为应当从基于《美国著作权法》第 101 条的文本出发进行法律解释。但本案中拉拉队制服设计中"色彩、形状、条纹和 V 形的搭配图案"无法从服装上物理分割,因此,这种"可分离地识别"仍然是观念上的。

美国最高法院在本案中基于 1976 年的《著作权法》的法律解释采用了可分离性的两部分测试。实用艺术品的艺术特征只有在满足下面两个条件时才可以受到著作权保护:(1) 该特征被认为是可以从实用物品中分离出来的二维或者三维的艺术作品;(2) 当被想象成从所依附的实用物品中分离出来,该艺术特征可以作为可受著作权保护的绘画、

---

❶ 美国第六巡回法院认为,在确定一项设计是否属于受到著作权法保护的"绘画、图形或雕塑作品"时,最好的方法是基于著作权法条文提问以下一系列问题。(1) 这项设计是一件绘画、图形或雕塑作品吗?(2) 若是,则该设计是一件实用物品吗?即本质上具有实用功能的物品,该功能不仅仅只是描绘外观或传递信息。如果该设计不是实用物品的设计,那么不需要探究其是否具有与实用物品的实用性部分能够分离地识别并能独立地存在的"绘画、图形或雕塑特征"。

在处理可分性问题之前,法院应当考察:(3) 该实用艺术品在哪些方面具有实用性?例如,一把椅子的实用性体现在它可以供人落座。从"描绘实用艺术品的外观"以及"传递信息"这两种实用性方面考虑时,法院不会用来判定绘画、图形或雕塑特征是否可分。美国第六巡回法院认为,为判定一件物品图形设计的可分性,而考察除其他实用性功能以外的这两项实用性功能,是有违著作权法对实用艺术品构成要件的定义的。

一旦认定可能的实用性部分后,还需要回答关于可分离性的最后两个问题。(4) 设计的观察者能够鉴别出"独立于实用物品的实用性部分"的"绘画、图形或雕塑特征"吗?如果观察者不能在实用物品的设计范围之内鉴别出绘画、图形或雕塑特征,那么该实用物品的设计是不受著作权法保护的。(5) 实用物品设计中的"绘画、图形或雕塑特征"能够独立于实用艺术品的实用性部分存在吗?使用客观必要性判断法能有效解决这个问题。如果实用物品的实用性功能中不需要该设计中的绘画、图形或雕塑特征,或者以上特征对于实现物品的实用性功能来说是完全没有必要的,那么,这些绘画、图形或雕塑特征就无法由实用物品的实用性功能体现,因此它能够独立于实用物品存在。

在回答第四和第五个问题时,美国最高法院认为设计过程法(The design-process approach,)可以帮助法院确定哪些设计特征对于物品的实用方面是必须的,因为设计师的证词可以为我们提供线索,即哪些设计部分对实用物品的功能方面是必须的。美国最高法院推荐版权局的标准,即如果"(设计的)艺术部分和实用艺术品两者能够并存,并且能够作为独立的作品被完整地感知——一个是艺术作品,另一个是实用物品,那么,融合在实用艺术品设计中的绘画、图形或雕塑特征在观念上是可以分离的。"如果设计的观察者能够将一件实用艺术品设计中的绘画、图形或雕塑特征想象成为一件艺术作品,那么这些特征就是可被分离地并能够独立存在的。

图形或雕塑作品独立存在，或者可以依附于其他表达媒体存在。第一个要求"可分离识别"的判断并不复杂，判断者只需要观察实用物品，并发现能够满足绘画、图形或雕塑作品要求的平面或立体的艺术成分即可。其中，比较困难的是其第二个要求，即"独立存在"的判断标准。

1.2.3 "独立存在"标准

按照"可分离特性与独立存在"原则，"独立存在"标准与"可分离特性"标准并非并列关系，而是"与"的关系，二者同时满足才能获得美国著作权的保护。

"独立存在"标准是指可分离识别的艺术特征脱离物品实用性后可单独存在。换句话说，艺术特征一旦在想象中脱离了实用物品之后，必须就其本身独立地作为《美国著作权法》第101条所定义的绘画、图形或者雕塑作品而存在。如果这些艺术特征不能在脱离了实用物品后作为绘画、图形或雕塑作品而独立存在，那么它们就不是物品的绘画、图形或雕塑艺术特征，而仅仅只是物品的实用性方面。关于"独立存在"的判断，美国最高法院首先强调了设计能否获得著作权保护与被应用的物品无关。正如在画布上创作平面纯美术作品要符合画布的形状，在物品上创作平面应用美术作品也要适应物品的轮廓。例如，画在墙壁上、天花板上或圆形拱顶上的壁画不会仅仅因为要适应墙壁、天花板和圆形拱顶的不同维度而丧失可著作权性。又如，一种刻在或画在吉他表面上的设计，如果在想象中将整个设计从吉他表面上移除并用在唱片封面上，虽然这依然反映了吉他的形状，但是在唱片封面上运用吉他图片并没有导致对吉他这种产品的复制。这种设计只不过是以原产品（吉他）的形状为基础所创作出的平面美术作品。也就是说，无论设计是首先画在一个唱片封面上并运用于吉他，还是首先用在吉他上并运用于唱片封面，这种设计都是著作权法保护的对象。将该判断方法运用于拉拉队制服上的表面装饰上，美国最高法院认为，首先，这些装饰能被识别出符合绘画、图形或雕塑作品要求的艺术特征；其次，如果拉拉队制服上的色彩、形状、条纹和V形的搭配图案被从制服中分离出来，并应用到其他载体上（如画布），它们同样能构成"平面美术作品"，并且在想象中将服装表面装饰从制服上移除并运用于其他载体上不会导致对制服本身的复制。因此，这些装饰是可以从制服上分离的，具备可著作权性。

美国最高法院于2017年作出的上述判决进一步认可了受到著作权保护的实用艺术品的"可分离特性与独立存在"的判断标准。其两步测试法中的第一步与之前的标准相比没有太多变化，但第二步即实用物品的艺术方面"独立存在"的判断似乎更加大胆，依据这一标准受保护的实用艺术品的范围会扩大。该判决之前几乎所有的服装都不能获得著作权保护，如第二巡回上诉法院在1989年判决的"异想天开公司"一案中的判决意见所述：长期以来我们一直裁定作为实用品的服装不能获得著作权。1976年著作权法并没有在这方面改变原有法律。尽管实用品的绘画、图形和雕塑等，能够在事实上或者观念上与该实用品分离时获得授权，但服装却根本不可能满足这样的标准，因为所有的装饰性因素都内在于该服装的装饰性功能之中。❶

2.《美国专利法》的保护

2.1 产品的"功能"不同于"功能性设计"

产品外观设计是其装饰性和功能性的完美组合的产物，产品的设计特征都是为了实现其某一特定功能而设计的。但是设计能够实现功能和功能性设计并不是相等同的，否则就因为设计不具有装饰性而在根本上推翻专利权。美国专利法保护产品的装饰性设计而非功能性设计。

任何人发明制造品的新颖性、独创性和装饰性的外观设计者，均可按照《美国专利法》第171条所规定的条件和要求取得对于该项外观设计的专利权。《美国专利法》第171条规定了外观设计的装饰性要求，即外观设计创新的特征必须是与"装饰性"的外形有关而不是与功能有关。如果一个设计或形状完全是功能性的，没有观赏性或装饰性，不符合法定标准的设计专利。

《美国专利审查指南》（MPEP）1504.01（c）规定，外观设计专利仅保护就产品的装饰性提出的设计，而不保护就产品的功能性提出的设计。外观设计专利必须是为装饰目的而创作的设计，不是基于功能或机械考虑的产物。进一步说，产品的装饰性必须是发明者有意识创作的结果。

《美国专利审查指南》1504.01（c）规定，在确定外观设计是功能性还是装饰性时，必须从要求保护的外观设计整体考虑。在确定一件外观设计主要目的是功能性的还是装饰性的时，是将外观设计作为整体考虑，根本的问题不是考虑每个单独的特征是否是功能性或装饰性，而是考虑该产品的整体外观，即确定要求保护的外观设计是否受产品实用的目的支配。装饰性的认定并不是基于装饰特征数量的多少的定量分析，而是基于装饰性对整个外观设计的贡献。

---

❶ 李明德：《美国知识产权法》第二版，法律出版社，第827页。

在 Hupp 诉 Siroflex of America, Inc. 案件中, 涉及一个由模制混凝土制造模拟石头路面的模具设计（见图9）, 专利权人起诉指控竞争对手侵犯了其用于制造模拟石头小路的模具工业设计专利, 美国地区法院认为专利无效且不侵权, 专利权人提起上诉, 美国联邦巡回上诉法院认为, 该设计主要是装饰性的。其进一步阐明了一个物品外观设计的"功能性"不能和物品本身的功能或用途相混淆, 制造物品本身都具有功能作用, 这是可专利性的前提, 否则就会以设计不主要是装饰性的而从根本上破坏其可专利性的根基。❶ 该案例中法院进一步认为, 尽管一个设计专利主要集中在实用物品的装饰性方面上, 但特定物品的设计与物品的实用性相关不能破坏其可专利性。当设计主要方面是装饰性时, 尽管它还具有实用目的, 该设计也是满足可专利条件的。

2.2 何谓"功能性设计"

在 1988 年的"阿维阿"❷（Avia Group International, Inc. v. L. A. Gear California, Inc.）一案中, 美国联邦巡回上诉法院首次提出, 如果在工业设计中, 物品的功能或目的可以通过许多其他设计方式达到, 这一事实足以驳倒关于设计主要是功能性的观点。在确定设计是否符合"装饰性"这一法定要求时, 要判断出于功能性的考虑是否只能是这一特定的设计, 或者换句话说是否还可以使用其他设计来实现此功能。如果对设计的选择主要是出于审美考虑而非功能目的, 就符合"装饰性"这一法定要求。即符合专利保护的外观设计, 必须有一个装饰性的外观, 而不仅仅是由功能唯一确定的。

在 Berry Sterling Corp. v. Pescor Plastics, Inc.❸ 案中, 美

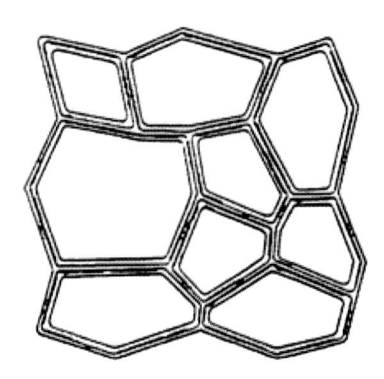

图9 石头小路的模具设计

---

❶122F.3d 1456, 43 U.S.P.Q.2d 1887（Fed.Cir.1997）. 在这个案件侵权诉讼中, 原告 Jack T. HUPP 和 Walkmaker, Inc., 认为竞争对手 Siroflex of America, Inc. 侵犯自己的 D528 号专利权, 而被告 Siroflex of America, Inc. 辩称这个设计属于功能性设计, 是不具有专利性的。法院没有认可被告的答辩意见, 认为专利权是有效的。
❷Avia Group International, Inc. v. L.A. Gear California, Inc., 853 F.2d 1557; 7 U.S.P.Q.2D（Fed Cir.1988）.
❸Berry Sterling Corp. v. Pescor Plastics Inc., 122 F.3d 1452, 43 USPQ2d 1953（Fed. Cir. 1997）.

国联邦巡回上诉法院认为，尽管在某些情况下，对外观设计的组成部分进行分析可能是适当的，但对确定一个外观设计专利是否由其制成品的功能所决定的这一问题上，最终还必须依赖对其整体的分析。如果有几种不同的方法均可实现制成品的功能的话，则该制成品的外观设计更可能主要用于装饰性目的。但是，法院又声明，替代的外观设计的存在仅仅是几种可利用的工具之一，可能有助于亦可能无助于对一项外观设计专利是否因其功能性而无效所进行的判定。另外一些适当的考虑还包括：所获专利保护的外观设计是否为最佳的设计；替代的外观设计是否对该特定物品的用途造成不利影响；是否存在一些相应的发明专利；是否有关的公开文件资料昭示出本外观设计的某些特定特征具有特定用途；在该外观设计中是否有些组成部分或其整体结构肯定不是由功能所确定的，等等。

关于"功能性设计"的论述可以参见 1996 年美国联邦巡回上诉法院审理的 Best Lock Corp. 案❶，原告专门制造销售非家用锁具。为了防止他人未经其允许任意复制其锁具钥匙，特为其某些锁具产品的钥匙坯申请了功能和外观专利。被告则是一家专门制造销售锁匠复制用钥匙坯的公司。被告在其制造销售的一种钥匙坯产品中抄袭了原告某一外观专利中的钥匙头设计，导致原告在美国联邦法院中提起诉讼。一审法院宣布原告的钥匙头设计系出于功能上的考虑，对于购买者或使用者来说并不具有审美意义，因此其专利无效，应予取消。原告不服，向美国联邦巡回上诉法院提出上诉。

原告提出，尽管某一钥匙只能与某一锁具配套，但钥匙头与锁具的钥匙孔却有无数种配套可能。对任何一种配套的设计的选择都是任意性的，而钥匙坯本可采取许多种不同的形状，所以其设计并不是由功能所决定的。上诉法院没有支持原告的观点，指出原告的专利仅限于钥匙头的设计，而不包括整个钥匙的设计。显然，该钥匙头只有按图中所示设计方能插入与其匹配的锁具钥匙孔中。因此，一审法院认定原告钥匙头设计完全系其功能所决定的判决是正确的。此外，原告的专利限于某一钥匙头的外观，而不涉及某一锁具与某一钥匙的搭配，因此这一搭配有多少种可能性，以及钥匙的形状可采取不同的形状，均与原告

---

❶ Frederick Abbott, Thomas Cottier and Francis Curry, The international intellectual property system: commentary and mateials, First edition, London. Kluwer Law International, 1999, P.115.

的专利无关。据此，上诉法院维持了一审法院的原判。❶
在上面的判例中，原告没有能证明同一功能可以通过几种外观方式实现，致使被告提出的功能性辩护理由得到法院的支持。

2.3 外观设计的"装饰性"应定位在工业艺术性上而非美术作品上

外观设计的装饰性需求，隐含了相关的外观设计应当具有一定的美感。当然，就外观设计专利而言，这种美感的要求不能定得太高。❷1930年的"科林"（In re Koehring）案例涉及一件关于混凝土搅拌机的外观设计专利申请，美国专利复审委员会以缺乏装饰性美感为由，驳回了该外观设计专利申请，而关税与专利上诉法院推翻了专利局的决定。法院认为，对于外观设计中美和装饰性的要求，不能定义为在美术品或艺术品中所见的美和装饰性。在1981年的"康迪克"（Contico International, Inc. v. Rubber-maid Commercial Products, Inc.）一案中，第八巡回上诉法院指出，要求一个垃圾桶玩偶美丽，也许是期望过多。就本案而言，只要它不丑陋，尤其是与现有的外观设计相比不丑陋就足够了。就产品外观设计而言，在满足产品功能的前提下应该有多种不同的设计，当产品赋予新颖的具有独创性的外观设计后，显然会吸引消费者注意，满足大众的个性化需求，增加产品附加值，提高产品的销售价值。外观设计专利的目的就是给予专利权人有限的垄断权利而鼓励他们设计更多的产品，满足大众的不同品味。从上述美国法院的判决可以看出，关税与专利上诉法院认为外观设计专利对装饰性的美学或者艺术要求的标准不能太高。外观设计的装饰性应定位在工业艺术性上，而不是美术作品的艺术性。

3. 两种权利中"装饰性"和"功能性"的异同

3.1 美国著作权保护的"艺术性"高于外观设计专利的"装饰性"要求

按照前述《美国著作权法》对实用艺术品的保护条件，

---

❶ 林晓云："美国知识产权法律关于工业品外观设计保护范围的规定"，http://www.sipo/law，最后访问日期：2004年9月23日。该案涉及的是一个钥匙的外观设计。一般钥匙包括一个钥匙柄（Bow）与一个钥匙头（Blade）。使用钥匙的人将钥匙头插入锁具上的钥匙孔，然后拧转钥匙柄。在任何一类锁具的制造过程中，先有钥匙坯（Blank Key Blade），其钥匙头上并不带齿，而只有根据此类锁具钥匙孔的孔型而加工出的竖槽（Profile）。然后才根据每一套锁具的特殊锁芯在钥匙头上刻出与其相匹配的钥匙齿（Combination）。锁匠或锁具零售商复制钥匙时，也会首先找出与此类锁具竖槽配套的钥匙，然后再在钥匙头上刻出与某一锁具芯锁相匹配的钥匙齿。

❷ 李明德：《美国知识产权法》第二版，法律出版社，第803页。

无论是按照物理上可分离特性还是观念上可分离特性的判断标准，美国著作权法仅保护实用物品中体现出来的雕塑、艺术雕刻或者绘画表达等艺术特征，其保护的是达到美术作品艺术高度的艺术特征。无论是可以独立存在的人体雕塑，还是椅背上的雕刻，银质餐具上的花浮雕还是绘制于服装表面的"色彩、形状、条纹和 V 形的搭配图案"等，这些设计所具备的美学要素使得人们头脑中产生一种与实用无关的美学印象，足以把它们看作一件艺术作品或者是美术作品。对于一件具有实际使用价值的产品，第一眼看上去漂亮并不能成为其能作为实用艺术品受到著作权保护的标准，而是顾客一眼看上去能认为这是一件艺术品。❶

按照美国丹尼尔教授的观点，工业品外观设计主要是受实用性的支配，而非单纯美学的考虑。而可获著作权保护的作品，主要是艺术的表达，不受实用性的支配。❷ 由此可见，著作权保护的是艺术表达，外观设计专利的装饰性仅仅是实现产品功能的多种设计方式的选择，只要不是实现功能的唯一设计方式或者有限的设计方式之一，就满足装饰性的要求。

正如前面案例所述，对于外观设计中美和装饰性的要求，不能定义为在美术品或艺术品中所见的美和装饰性。外观设计的装饰性应定位在工业艺术性上，而不是美术作品的艺术性。所谓"工业艺术性"，笔者认为就是使得同一功能的产品能够具备多种多样不同的外观，能够适合不同消费者口味或者消费需求的产品工业造型的多样性。

3.2 美国著作权不保护"功能"，外观设计专利不保护物品的"功能性设计"

工业品外观设计既是工业经济不断发展的产物，同时也是人们追求产品美学功能的结果。产品的装饰效果无法脱离其功能而独立存在，这就决定了外观设计的复合性特征。❸ 如 Hupp 诉 Siroflex of America，Inc. 案件中所述，尽管一个设计专利主要集中在实用物品的装饰性方面上，但特定物品的设计与物品的实用性相关不能破坏其可专利性。从"布莱德"一案中的彩虹形支架广受市场欢迎来看，应该说这一设计达到了现代工业设计的最高点，即功能性要素与美学要素的完美融合。❹ 因此说外观设计的最高境界

---

❶ Robert C.Denicola, Applied Art and Industrial Design: A Suggested Approach to Copyright in Useful Articles, P18.
❷ 李明德：《美国知识产权法》第二版，法律出版社，第 822 页。
❸ 马云鹏：《外观设计法律保护模式研究》，知识产权出版社，第 33 页。
❹ 同上。

是功能与艺术的完美融合，其不保护的仅仅是由功能唯一决定或者仅有有限选择的功能性设计。而从著作权保护的角度来看，美学要素越是与实用功能完美融合，越不能与之分离，当然也就越不能获得著作权保护。

著作权一直强调可分离性特性判断标准就是严格限制通过保护艺术特征达到对实用功能的保护，著作权仅仅保护实用艺术品的艺术方面的目的在于著作权保护艺术而非功能，否则与著作权的立法宗旨相矛盾。但笔者认为观念上可分离特性的判断标准，从表面上看仅仅保护那些看似从观念上可分离出来的艺术部分，一方面，因其与实用部分不能真正分离，在保护艺术性的同时不可避免地兼顾了对整个实用艺术品的保护；另一方面，观念上可分离标准比较难以把握。因此，也只能从"艺术性"高度的差异来区分著作权和外观设计专利权对实用艺术品的保护边界了。

四、英国的实用艺术品保护

英国主要以注册外观设计、未注册外观设计和著作权对实用艺术品给予保护。一个实用艺术品应受注册外观设计、未注册外观设计保护还是著作权保护，主要取决于其属于功能性的设计还是美学意义上的设计。当然，很多外观设计既包含了对视觉具有吸引力的美感设计，也包含了对视觉没有影响的功能性设计。

1. 英国著作权法的保护

1.1 1988年之前的英国著作权法对实用艺术品的保护

根据前文中对实用艺术品的定义可知，"实用艺术品"的"实用"为适于工业化批量生产，无法批量生产的"实用艺术品"不属于外观设计的保护对象，不在探讨之列。本文所讨论的实用艺术品均属于外观设计法的保护客体，因此，从英国对外观设计保护的历程可窥探其对实用艺术品的保护。

英国对知识产权的保护制度历史久远，其法律保护制度的发展变化属于原生态的发展演变过程，长久以来进行着作品和外观设计区分的实验。在对外观设计法律保护的演变过程中，英国立法者逐渐注意到艺术作品和实用艺术品的区别，认为前者适于给予著作权法保护，而后者更适于通过外观设计法保护。这一观点在1911年颁布的《英国著作权法》中得到具体体现，该法第22条排除了一切可注册的外观设计的著作权保护，除非该外观设计最初的意图不是为了工业化的生产。按照第22条字面含义，在以下两种情形下艺术作品将丧失著作权保护：作品创作时即拟用于工业目的；或者，作品创作时虽无此目的，但随后应用于工业目的。❶ 这种做法确立了英国著作权法和外观设计法对实用艺术品的"择一性"保护模式。

1956年《英国著作权法》意图进一步区分著作权法和注册外观设计的保护，第10条规定：如果某外观设计已经申请注册，无论是否在有效期内，任何可能侵犯该注册外观设计权的工业化应用均不侵犯其著作权。即受到注册外观设计法保护的外观设计就不能再受著作权保护。这一修改的效果是能否受到著作权保护不再依赖于作者创作作品时的意图，而是取决于作者是否将作品当作设计申请注册了外观设计。❷ 1956年的《英国著作权法》在1968年又一次修改，开始允许艺术作品著作权和注册外观设计法的双重保护。首先，该法规定外观设计在创作完成之后，同其他著作权客体一样自动取得保护；其次，外观设计一旦付诸工业应用，则原有的著作权消失，转而享有15年的特别工业版权保护期。在当时，注册外观设计的保护期限也是15年。

1.2 《英国版权、外观设计和专利法》之后可获得著作权保护的实用艺术品

根据1949年《英国注册外观设计法》规定，可以申请注册的外观设计必须是"新的和独创的"，完全由功能决定的外观设计不得注册。而英国著作权法的保护对象却没有这样的限制，这样1956年《英国著作权法》第10条就意味着，一项新的、非功能性的外观设计需要通过复杂的注册程序仅可以获得最长15年的保护，而且需要缴纳年费；而那些不能注册外观设计的，毫无艺术美感甚至完全功能性的外观设计反而却可以自动获得有效期为作者终生加死后50年的著作权保护。1968年，著作权法虽然允许双重保护，但那些仅为实现特定实用功能而需要的特征，以及因没有视觉吸引力而不能注册外观设计的工业品仍然可以获得著作权的长期保护。这样注册外观设计不仅门槛高，而且需要缴纳一定费用，还只能获得15年的保护期限。这种结果显然是令人不满意的，一方面导致著作权诉讼增加；另一方面不利于注册外观设计制度发挥作用。

在这种背景下，英国关于改革外观设计法律体系的构想，主要体现在要限制著作权法对外观设计的保护。一方面1988年通过的《英国版权、外观设计和专利法》（Copyright, Designs and Patents Act 1988, CDPA 1988）创设了新的权利即未注册外观设计权，以代替著作权保护；

---

❶ 转引自应振芳：《外观设计研究》，知识产权出版社2008年版，第44页。
❷ 同上书，第45页。

另一方面对注册外观设计制度进行改革使其更具吸引力，比如将保护期延长为 25 年。而在著作权制度的设计中，CDPA 1988 主要通过其第 51 条而将大量外观设计排除到著作权侵权以外来达到此目的。

根据 CDPA 1988 第 51 条（1）的规定：根据设计制造产品或者复制该产品不构成对该设计或者模型的著作权侵权，但艺术作品或者字体设计除外。如果按照 CDPA 1988 第 4 条的定义，绝大部分大规模工业化生产的产品都不是艺术作品，因为它们不是工艺美术作品、雕塑或者该条所列举的其他艺术作品形式。这样，CDPA 1988 第 51 条（1）把大多数工业设计的复制排除出了著作权侵权的领域，尽管设计图纸以及模型仍然享有著作权，但是根据他们制造出的产品并不侵犯该著作权。

1.2.1 保护对象

根据 CDPA 1988❶ 第 1 条（1）的规定，只有以下作品即独创性文字、戏剧、音乐或者艺术作品、录音制品、电影或广播以及出版物的版式设计可以获得著作权保护，其第 4 条中规定，"艺术作品"是指以下三类：（a）绘画作品、照片、雕刻或拼贴画，而不考虑其艺术程度高低，（b）以建筑物或建筑物模型存在的建筑作品，或者（c）工艺美术作品。关于艺术作品，CDPA 1988 第 4 条没有作进一步的解释，"工艺美术作品（Works of artistic craftsmanship）"也没有确切的定义。而是以哪些产品可以从获得著作权保护中受益来界定的。英国国会上议院曾指出一些属于工艺美术作品的例子，如手绘瓷砖、彩色玻璃窗、铁艺大门和一些家具。❷ 还有的文章中认为可以涵盖更广的产品，如首饰、家具、餐具、玩具、教学辅助工具以及乳胶假面具等。❸

根据 CDPA 1988 第 51（1）的规定，只有很少一部分外观设计，即艺术作品的外观设计及字体设计，以及 CDPA 1988 第 51（3）规定的表面装饰（Surface decoration）能享有著作权保护。而具体能获得保护的对象，除了著作权法对作品独创性的要求外，在很多情况下都取决于对什么物品可以成为法律所称的"艺术作品（Artistic works）"的判断。英国著作权法保护客体中没有"实用艺术作品"一词，与其最接近的作品类型应是"艺术作品"中的"工艺美术作品"。

---

❶ CDPA 1988 的译文参考了清华大学出版社出版的《十二国著作权法》中有关英国著作权法的翻译。
❷ Margaret Briffa and Lee Gage, Design Law-Protecting and Exploiting Rights, 2004, P18.
❸ W.R.Cornish, Intellectual Property: Patent, Copyright, Trade Marks and Allied Right, Sweet &Maxwell, 1999, P390, para10-17.

司法实践中，与实用艺术作品密切相关的"工艺美术作品（Works of artistic craftsmanship）"的含义仍然是模糊的，作为判例法国家，其包含的物品类别在司法判例中得到解释。比如，在George Hensher Limited v. Restawile Upholstery Limited（1976）案中，原告是一个成套家具的生产商，他们按照样本原型（Prototype）来制造这种新设计的家具，批量生产的家具命名为"Denver""Florida""Bronx"（with variants of the Bronx suite known as "Manhattan"），"Atlantic" and "Continental"售卖。被告进行了模仿。原告没有将其设计进行注册，因此主张该样本原型构成1956年《英国著作权法》下的工艺美术作品（与CDPA 1988年的规定同样）。❶ 上议院最终驳回了Hensher的请求，尽管五位上议院高级法官（Law Lord）用五种不同的方式解释何谓工艺美术作品，但他们一致认为案中的模型（见图10❷）不构成工艺美术作品。关于工艺美术作品的解释，Lord Reid认为，"艺术性"不好解释，不仅因为不同的角度意思不同，也因为不同的人理解不同，因此让法官决定"艺术性"的含义是不合适的。尽管如此，他认为，如果因为物品的外观引起了普通人情感上或者思想上的真正的愉悦或者满足，使得物品能够被真正欣赏，则其可被称为艺术作品。

图10 George Hensher Limited v. Restawile Upholstery Limite（1976）案中模型

---

❶ https://www.cipil.law.cam.ac.uk/virtual-museum/hensher-v-restawile-1976-ac-64.
❷ 同上。

对于 Lord Morris 和 Lord Viscount Dilhorner 认为是否是"艺术的"是一个事实问题,应当由证据决定而不是无谓的字面解释。相反 Lord Kilbrandon 则认为"艺术"应当由法庭解释而非证词决定。真正的测试是创作者是否有意识地试图创作一件艺术作品。❶

在随后的 Lucasfilm Ltd. v. Ainsworth 案子❷中,该案涉及的是 1977 年上映的电影《星球大战》中的头盔设计,原告主张其属于"雕塑作品"或"工艺美术作品"。一审法院认为该雕塑是为影视中的人物形象设计的,不是为了创作而创作;因此作为雕塑作品不具有足够的艺术目的,而且其创作目的也不是美学上的吸引力,因而不属于"工艺美术作品"。英国上诉法院和最高法院也认为该头盔不属于"雕塑作品"。

在 1986 年的 Merlet v. Mothercare 案子中,原告设计和制造婴儿用品,其设计的带帽子的婴儿斗篷,可保护婴儿不受外界天气影响,该产品在市场上获得成功。被告复制了原告的一款名称为"Raincosy"的服装,命名为"Carry Cape"。原告遂提起著作权侵权诉讼,原告必须证明其设计的服装属于工艺美术作品。法院经审判认为,婴儿用斗篷样品不构成工艺美术作品,这是由于证据显示 Merlet 在设计婴儿用斗篷时更关注防止婴儿免受高原夏季天气的影响,而不是任何美学考虑。❸

而在 2000 年的 Eduard Rudolph Vermaat & Others v. Boncrest Limited [2000] Ch D. 一案中,其争议的问题是拼布产品的设计是否作为"工艺美术作品"构成"艺术作品"。法官认为,裁缝师制作的样品属于工艺品,但艺术性没有达到工艺美术作品所要求的艺术高度。❹

从上述这些案子可以看出,受英国著作权保护的"工艺美术作品"首先是从创作时创作者的目的是否主要以美学考虑为主,而不是以实用或者产品功能为主。同时还要关注其艺术性,即必须具备足够高的艺术性。英国著作权法采用实用的表达和非实用的表达区分外观设计和作品。英国著作权法保护的是文学和艺术作品,作品是文化的、独一无二的,与实用无关,因此著作权作品应当以一种非

---

❶ Margaret Briffa and Lee Gage,Design Law-Protecting and Exploiting Rights,2004,P19.
❷ Lucasfilm Ltd v Ainsworth [2008]EWHC 1878(ch),para121.
❸ http://classic.austlii.edu.auaujournals UQLawJl19858.
❹ Margaret Briffa and Lee Gage,Design Law-Protecting and Exploiting Rights,2004,P21.

商业性眼光视之，而外观设计的创作者在创作时首要的任务是实现产品的功能，在不损害功能的前提下尽可能满足市场上不同消费者的审美需求，因此外观设计从创作目的来说是实用的，处于商业领域。❶

1.2.2 保护期限

随着欧盟一体化，英国已经将《欧盟著作权保护期指令》❷纳入国内法，所以，如果可被视为是一件艺术作品的设计或者属于表面装饰等而获得著作权保护，那么著作权人可享有的保护期为其终生加死后70年。但是根据英国CDPA 1988年第52条的规定，一旦将享有著作权保护的艺术作品作为设计应用于工业方法，其保护期限为投放市场之年年末起25年❸。25年后按照该设计制造产品或者从事相关的交易即不再构成对该艺术作品著作权的侵犯。对比其他作品作者终身加70年的保护期，英国的这一规定极大缩短了用于工业生产的外观设计的著作权保护。这一规定一方面是防止著作权限制设计的复制从而阻碍工业生产，减少双重保护；另一方面是限制创作人两头获利，即艺术作品的创作人不能既要享受著作权的长期限保护，又要通过商业化使用其作品的复制品从而在商业上获利。

英国政府于2013年决定将著作权法立法与欧盟立法一致，删除了CDPA 1988第52条的规定，即关于投放市场之后转为工业特别产权仅有25年保护期限的规定。主要原因在于比其他欧洲国家短很多年的实用艺术作品的保护期限，使得英国成为仿制商品进入欧盟的中转站，同时这一规定又没有给英国经济带来多少好处，却影响了英国在欧盟的声誉。❹可见，英国这一制度的变化和当时的国情关系密切。

2. 英国外观设计法的保护

1949年《英国注册外观设计法令》❺（RDA 1949）规定，符合条件的外观设计可以通过注册得到法律保护，该法令后被统一纳入1988年《英国版权、外观设计和专利法》的第四章。此外，CDPA 1988第一章还创设了一种新的权利，

---

❶ 应振芳：《外观设计研究》，知识产权出版社2008年版，第89页。

❷ 欧盟1993年10月29日通过了关于著作权及相关权的保护期指令即directive 93/98/ec，后来在修订该指令的基础上于2006年12月12日颁布了新的保护期指令即directive 2006/116/ec，指令的目的是协调欧盟各成员国在著作权与相关权保护期方面的差异，便于实现统一大市场。

❸ 将特别工业产权的保护期由原来的15年修改为25年，应当是加入《伯尔尼公约》后对国内法作出的修改。

❹ 参见 Copyright Protection for Designs: Final Impact Assessment.

❺ Registered Design Act 1949。

即未注册外观设计权，符合特定条件的外观设计无须注册即可自动获得未注册外观设计权保护。2001年，随着欧盟指令及共同体外观设计法❶的出台，英国对 RDA 1949 进一步进行了适应性修订，主要对注册外观设计的要求进行了新的规定。2014年英国对外观设计法做了进一步修订，并于 2014 年 10 月 1 日实施。修改内容涉及对于抄袭已注册的英国外观设计行为采取刑事制裁，外观设计的所有权和在先使用权等。

2.1 注册外观设计

《英国注册外观设计法令》第 1C 条（1）款规定了外观设计的注册条件：新颖性、独特性、并非属于纯功能性设计以及必须配合（Must fit）和必须配套（Must match）的例外原则。

2.1.1 独特性

在注册外观设计条款中没有发现"美感"或者"装饰性"等类似用语，但要具备独特性，这是 2001 年修改法后新增加的一项要求。在评价独特性时，某一设计对于见多识广的使用者来说，必须能够产生一个与先前已知产品的外观设计不同的整体视觉印象。由此可见，可注册的外观设计仅需关注其外观造型的与众不同，没有类似著作权的对实用艺术品在艺术方面的要求。

2.1.2 纯功能设计

根据《英国注册外观设计法令》第 1C 条（1）款的规定：注册外观设计的权利不能存在于仅仅由产品的技术功能限定的产品外观特征。因此，完全由纯功能限定的特征构成的外观设计不能注册外观设计。换句话说，如果一个设计缺乏进行设计的任何自由度，将不能进行注册。例如，必须配合一个已知螺栓的螺母不能受到注册外观设计的保护。在 Cow v. Cannon（1959 年判例）一案❷中，法庭驳回"热水瓶肋仅仅受避免烫烧使用者这一功能的限定"的争辩，认为尽管设计者选择了这种形式的肋来实现这一功能，但肋的其他布置方式，如橡胶肋环或小凸起同样能够

---

❶ 1998 年 10 月 13 日欧盟通过《欧洲议会及理事会颁布的关于对外观设计法律保护的指令》（以下简称欧盟指令）。在此基础上 2001 年 12 月 12 日通过了《欧盟理事会关于共同体体外观设计的（EC）第 6/2002 号法规》（以下简称共同体外观设计法），共同体外观设计法于 2002 年 3 月 6 日生效。2002 年 12 月 17 日，为执行共同体外观设计法规，又通过了欧盟第 2245/2002 及 2246/2002 号委员会条例，前者为注册制共同体外观设计的实施细则，后者为注册制共同体外观设计的收费细则，两细则的生效时间均为 2002 年 12 月 24 日。共同体外观设计法及其两细则共同构成了统一的共同体外观设计法律制度。2003 年 1 月 1 日起，内部市场协调局（OHIM）开始受理共同体外观设计注册。

❷ Christine Fellner, Industrial Design Law, Sweet&Maxwell, 1995, P29.

实现相同的功能。因此这种测试可以是判断这种设计方式是否是实现某一特定功能的唯一方式,如果还有其他的选择,则该设计就不是由功能唯一确定的,没有必要害怕实现这种功能的设计被垄断,因为没有阻止其他生产者在完成相同工作时选择自己的设计方式。

但是对于"仅仅由功能限定"也有另外的解释,一个典型的判例是 Amp v. Utilux 案(1972 年判例)❶。该判例是一侵权诉讼案,原告 Amp 声称被告 Utilux 侵犯了其电冰箱内部电路终端的两项注册外观设计权:其中一项涉及一个单独的电接头,另一项涉及由电线连接在一起的若干接头。每一接头包括一个插座、一个过渡部分和一个连接通道,所述通道具有两套适合于夹紧导线(该导线与插座轴呈直角)的耳状物,实现"旗式"或"战斧式"连接。该接头开始是为消费者设计用在冰箱上。该接头设计完成后,总工程师认为其不同于其他接头,就申请注册外观设计,最后获准注册。在侵权诉讼中原告承认功能是设计者在选择形状时的唯一考虑,但是原告争辩该接头在实现同样功能的情况下可以有其他的形状设计。一审法官认为两项设计声称具有新颖性或原创性的特征均是仅仅由产品必须实现的功能限定的,因此,缺乏新颖性和独创性,应当被无效。原告上诉至上诉法院,庭审法官的结论相反,驳回一审判决,上诉法庭认为,不同形状的接头可以完成同样的工作,因此,该设计不是仅仅由功能限定的。被告又上诉至英国上议院,但是英国上议院认为上诉法庭采用的不是正确的测试方法,上议院认为如果形状不是用于吸引眼球的注意力,而只是为使得产品工作的话,就应当排除保护。在本案中,没有吸引眼球的目的和效果,所采用的形状特征仅仅是满足功能的需求,因此"仅仅由功能限定"应当解释为"归因于或由什么动机引起或受什么激励"。本案中所有接头的形状特征是由完成两个电导体之间的电连接接头功能限定的,因此,本外观设计的所有形状特征仅仅由功能限定,应当被无效。在该判例中的证据表明:在设计中没有考虑任何美感成分,设计仅仅是为了实现其功能。该判例中认为"仅仅"一词的含义是如果在设计中包含有一点美感成分而非功能的话,就不能采用这种特定的排除原则,设计就可以被注册。Amp v. Utilux 一案在"纯功能"排除方面是一个引导性案例,这种测试方法大大减少了许多实用产品的注册登记。此外,这种测试方法在注

---

❶ Christine Fellner, Industrial Design Law, Sweet&Maxwell, 1995, P29.

册登记阶段比较有效，设计师多半会说出他的设计动机，但是在侵权无效程序中就比较困难了。

2.1.3 "Must fit"和"Must match"的例外原则

《英国注册外观设计法令》第1C条（2）款规定，注册外观设计的权利不能存在于由于为了匹配包含有该外观设计的产品或匹配与所述外观设计产品机械连接，或放置其内，或在其周围，或靠在一起的产品，而为使得每一个产品均可以实施其功能而必须确定的形状或尺寸产生的产品外观特征。也就是说产品的形状和轮廓特征不能受到与其形成一个整体的其他组成部分的形状和轮廓的限定，否则就是所谓"Must match"特征，应当被排除。也不能匹配与该外观设计产品机械连接或放置在一起的产品，否则就是所谓的"Must fit"特征，应当被排除。

如果物品的设计受到这样的限定，即它必须与其他组成部分的整体设计相匹配的话，则该外观设计不能被注册。"Must match"的一个典型案例是Ford Motor案❶。该案例涉及应用于各种汽车零件的外观设计，"Must match"的例外原则就是要排除对汽车外形作出贡献的车体面板和其他部件的保护，也就是说当一个零件是一个大的设计风格中的一个整体构件时，就属于"Must match"，汽车车体面板的设计因此就不能被注册。这是由于其设计很明显不得不与车体其他组成部分相匹配，从而形成一个特定的汽车外形。在汽车领域，消费者需要频繁更换车体构件，但除了更换完全相同外观形状的构件外别无选择，如果将这些配件全面的垄断权给予最初的汽车设计者，政府显然是不愿意的，因此，立法的目的就是要防止对配件（如车体面板）更换供应方面的垄断。

"Must fit"的一个案例是Christopher Tasker's Design Right案，其涉及带镜子的滑动门衣柜及其构件，权利要求共涉及侧门框、门轨和顶部滑道每个构件的整体外观，以及这些构件结合在一起形成的Alvista400系列Mk I系统的整体外形和轮廓，其中侧门框、门轨要求保护铝合金型材的内部窄槽的宽度小于5mm。判决观点认为"Must fit"的例外就是排除那些必须使得各个组成部分组装在一起的构件的形状或轮廓特征，侧门框、门轨要求保护的铝合金型材的内部窄槽就是要使得它们与厚度为4mm的标准镜子相互配合，所以这种装玻璃的窄槽就是"Must fit"特征，应当被排除保护。

---

❶ Ford Motor Company Ltd and Iveco Fiat's Design Application[1993] R.P.C.599.

2.2 未注册外观设计

如前所述，未注册外观设计权是 CDPA 1988 对没有注册的外观设计新创设的一种保护方式。在该法令颁布之前，未注册外观设计是通过著作权得到保护的，但由于著作权保护期限过长而并不令人满意。因此将那些不该由著作权保护的客体通过未注册外观设计权保护。未注册外观设计权是兼具著作权和注册外观设计权特点的混合物。❶但获得未注册外观设计权保护也是有一定条件的。根据 CDPA 1988 第 213 条（1）的规定，未注册外观设计权仅存在于独创的（Original）外观设计中。虽然在 CDPA 1988 中并没有明确界定独创性的概念，但在第 213 条（4）中明确规定了如果一个外观设计在其完成时属于本领域的普通设计（Commonplace），则不是独创的外观设计。按照上述规定，在判断一个外观设计是否可以得到未注册外观设计权时，首先应当审查该设计是否是独创的，其次还应审查该设计是否是本领域的普通设计。这里的"独创的"概念与著作权法中的意义相同，意思是"并非复制（Not copied）而源自设计者独立的工作（Independent work）"。在 Ocular Sciences Limited v. Aspect Visioncare Limited❷ 一案中，法官认为普通设计是指那些在相关领域中被认为是过时的、普通的、平庸的设计或者不能引起特别注意的外观设计。

必须配合（Must fit）和必须配套（Must match）的例外原则同样适合于未注册外观设计。此外，表面装潢被排除在未注册外观设计保护之外，这是基于表面装潢更适合著作权保护的考虑。

未注册外观设计权与著作权一样自动取得，并且只有在构成复制时才构成侵权。但是其保护期最长只有 15 年，在有些情况下则更短。这一新的权利的主要目的是给予主要在技术方面的外观设计一个相对短期的、非正式的保护。

3. 著作权与注册外观设计、未注册外观设计

在获权方面，获得著作权保护的艺术作品（与实用艺术品概念最接近）要求考虑创作者的创造动机是否有美学或者艺术方面的考虑，同时作品还要具备较高的艺术性，而获得注册外观设计权保护的实用艺术品必须是新的并且与众不同，没有艺术方面的具体要求。未注册外观设计权保护的设计通常只要不是普通设计或者过时的设计即可，其条件相对较低，这就不难理解其尽管与著作权保护方式

---

❶ W.R. Cornish, Intellectual Property: Patent, Copyright, Trade Marks and Allied Rights, 4th Edition, London Sweet & Maxwell, 1999.
❷ https://academic.oup.com/rpc/article/114/9/289/1607760.

相同，即非垄断保护，但保护期限最短。

在侵权方面，著作权与未注册外观设计权基于同样的原则，即被告抄袭了原告外观设计的全部或实质性部分，不论直接或间接都会构成侵权。CDPA 1988 第236条规定，当著作权与未注册外观设计权并存时，应主张著作权，因为任何侵犯著作权的行为不会侵犯外观设计权。而注册外观设计权是一种垄断性的权利，只要落入了注册外观设计所赋予的垄断权范围内，即构成侵权，是否抄袭与此无关。在保护期限方面，著作权最长，对于艺术作品的保护期限自作者死亡当年年末起算70年，注册外观设计权的最长保护期限是自申请日起25年。保护的最初期限是从申请日起5年，在交付合适的续展费后，保护期限可以第2次、第3次、第4次和第5次延长，每次续展5年，直到续展至其最长期限。未注册外观设计权期限最短，其保护期最长只有15年。

五、日本的应用美术品保护

日文中没有"实用艺术品"一词，与"实用艺术品"概念最接近的应该是"应用美术品"这一术语。美术品按照其目的可分为以鉴赏为目的的纯美术品，和以应用于实用物品为目的的应用美术品。日本的司法实践中，应用美术品主要通过其著作权法和意匠法保护。其中，应用美术品的著作权保护问题一直处于热议中。法律规定的不明确，导致了理论和实践中存在一定的解释讨论空间。通过研究日本应用美术品保护的理论和典型司法判例，我们发现其中的发展趋势，对我国实用艺术品的保护甚至知识产权工作都有所启示。

1. 日本著作权法的保护

1.1 立法本意

原日本文部省（现日本文部科技省）1966年7月公布了一份不具备法律效力的权威学术研究报告《日本著作权制度审议会答复说明书》，列举"应用美术品"包括四类内容：第一，本身就是实用品的物品，例如美术工艺品、饰品；第二，和实用品结合的物品❶，例如家具上的雕刻；第三，作为量产品的设计原型而制成的物品，例如镇纸的设计原型；第四，作为实用品的外形而被利用的物品，例

---

❶ 日本法律术语的"物品"不完全等同于我国外观设计专利范畴中的"产品"，"物品"不含有"被生产出的"意思，可指设计过程中的阶段性创作物、完整产品的不可分割的一个局部或者某一设计要素。

如织染图案❶。

立法过程中的审议会答复说明：那些作为量产品的设计原型或者实用品的图案的（物品）应受意匠法等工业产权制度的保护，而具有纯粹美术性质的则被视为美术作品❷。

言下之意，"应用美术品"是个大于"美术工艺品"的概念，"美术工艺品"属于实用品，但实用品不等同于量产品。立法本意认为应用美术品原则上不受著作权法保护，只有具有纯粹美术性质的才受著作权保护，绝大部分应受意匠法保护。

1.2 日本著作权法的相关规定

现行的《日本著作权法》（1970年颁布，2009年最新修订）是继明治时期颁布的旧著作权法（1960年最后修订）后全面修改制定的❸，其中将"应用美术品"中的"美术工艺品"明确列入著作权法保护范畴。该法第2条第1款规定"作品，指文学、科学、美术、音乐领域内，思想或者感情的独创性表现形式"。第2条第2款规定"本法所称的美术作品，包括美术工艺品"。此外，该法的第10条第1款"作品示例"中又列举了"美术作品"还包括绘画、版画、雕刻等；建筑作品、电影作品、摄影作品、地图或者具有学术性质的设计图、图表、模型以及其他图形作品等属于和美术作品并列的作品形式。其中的雕刻、建筑作品和模型等"美术作品"可能与应用美术品相关，与应用美术品相关的其他类型，只能交由司法实践了。

1.3 典型司法判例

日本法律虽属大陆法系，但也非常重视判例的研讨总结，司法实践中的判例研究讨论具有沿袭性。通过梳理应用美术品相关的司法判例，发现其判决理由可大致分为三个阶段，阶段之间不是单纯的时间连续关系，彼此略有重叠。下文中对应每个阶段配有若干典型正例和反例，其余案例受篇幅所限不能逐一介绍。

1.3.1 仅限美术工艺品受著作权保护，无论是否量产

早期，日本对应用美术品的著作权保护相对保守，对其保护的探讨还局限在是否满足美术工艺品的范畴。其中之一的"博多人偶案"对日后很多争议点给出了明确的立场，尤其对于美术工艺品可量产的认定开始被普遍接受。

---

❶ 李洁雯："实用艺术作品的著作权保护研究"，中国政法大学硕士学位论文，2015年3月，第21页。

❷ 榎戸道也：「3 著作権法による応用美術の保護」，牧野利秋他编：「知的財産法の理論と実務 第4卷 著作権法・意匠法」，新日本法规出版，2007，33-34頁。

❸ チャ・サンユク：「10 応用美術（デザイン）の法的保護－韓国と日本の意匠法、不正競争防止法及び著作権法の比較を中心に」，知财研纪要2009。

1985 年后，日本司法案例中已经没有因为工业化量产而否定作品成立的案件了❶。

【正例】博多人偶案（1973 年，参见图 11）

博多人偶历史悠久，是福冈地区的传统工艺之一。本案原告将名为"红蜻蜓"的博多彩色素烧人偶进行商业化量产，并投放市场。

图 11❷　博多人偶"红蜻蜓"

日本法院判决认为，首先，本案人偶"红蜻蜓"是受同名童谣启发而制作的造型物，其姿态、表情、衣着图案、色彩等都是情感的独创性表达，具有美术工艺的价值，属于美术作品中的"美术工艺品"；其次，此美术作品以量产化的产业应用为目的，现实中被量产等理由并不能否定其成为作品；最后，也不能因本案人偶可能通过意匠法保护而将其著作权法保护的范围中剔除。综上，本案人偶属于著作权法所称美术工艺品，应受其保护。❸ 该案例属于量产的美术工艺品受到著作权保护的里程碑式的案例。

【反例】山羊粗体字案（1983 年）

该案是日本首例关于字体著作权的案件❹，原告设计制作了山羊粗体字，被告未经授权擅自使用其印刷书籍。

一审法院不认为字体属于作品，其理由为若字体受到著作权保护，那么字体应当属于美术作品，但是，根据日本著作权法的规定，美术作品仅包括纯粹美术品和美术工艺品，除美术工艺品以外的应用美术品如果是以工业利用为目的，则可以通过意匠法保护，所以字体不属于著作权法保护的客体，这一判决遵循了立法过程中审议会答复说明的意见。

---

❶ 劉曉倩：「実用品に付されるデザインの美術著作物該当性（一）」，知的財産法政策学研究 2005，177 頁。

❷ 图 11-15 来源：橋谷俊：「ファッションショーにおける化粧、髪型のスタイリング、衣装やアクセサリーの選択とコーディネートにつき著作物性を否定した事例（1）」，『知的財産法政策学研究 Vol.47（2015）』，384~393 頁，下文不再赘引。

❸ 長崎地方裁判所，昭和 47 年（ヨ）53 号，1973 年 2 月 7 日判决，著作権判例データベース，http://tyosaku.hanrei.jp/hanrei/cr/5366.html，最后访问日期：2018 年 1 月 31 日。

❹ 丸山温道：「フォント・タイプフェイスの保護」，パテント 2006，24 頁。

二审法院维持原判，并认为字体是以文字为基础设计的，而文字是人类社会意思表达的手段，即使进行了创造性加工，也不能把社会共有财产私有化，否则会影响言论自由和文字作品的传播。❶

1.3.2 等同纯粹美术作品的也可受著作权保护

随着应用美术品形式的多样化，出现了一些非美术工艺品的实际案例，引起了更广泛的热议，有一种从美术作品本质探讨著作权保护可能性的趋势，即是否具有供人进行美术鉴赏的目的，是否可等同纯粹美术作品等，但这一分析标准从创作者主观意图入手，在实际操作中也存在难以普及统一的问题。

【正例】佛龛雕刻案（1979 年，参见图 12）

原告是一名雕刻师，在 1969 年左右完成了佛龛内部装饰的雕刻原型，之后大量工业化制作出售。法院首先肯定了涉案雕刻的独创性，其后重点论述了涉案雕刻属于美术作品。法院认为涉案雕刻虽被当作实用品利用，但创作时具有供人进行美术鉴赏的目的，应该与纯粹美术同等评价，给予著作权保护。❷

从判决书内容看，法院认为涉案雕刻属于应用美术品，但并不属于美术工艺品，该案认为除美术工艺品以外的其他应用美术品也是可以受到著作权保护的，对《日本著作权法》第 2 条第 2 款的理解采取的是示例说。该案例扩大了应用美术品的著作权保护范围，是"美术工艺品"之外的量产品受到著作权法保护的里程碑式的案例。

图 12　佛龛雕刻

【正例】T 恤图案案❸（1981 年，参见图 13）

本案的判决借鉴了美国实用艺术品"与物体实用性相分离的装饰部分可受著作权保护"的判断标准。原告是美国一

---

❶ 東京高等裁判所，昭和 54（ネ）590，1983 年 4 月 26 日判决，以下案例判决书原文均查自日本裁判所网站，http://www.courts.go.jp，最后访问日期：2018 年 4 月 8 日，下文不再赘述。

❷ 神戶地方裁判所，昭和 49（ワ）291，1979 年 7 月 9 日判决。

❸ 東京地方裁判所，昭和 51（ワ）10039，1981 年 4 月 20 日判决。

家以生产销售T恤为主要业务的公司，被告日本的某公司盗用其T恤上的具有独创性的图案，生产并销售类似的T恤。

判决书指出，著作权法明确将美术工艺品纳入美术作品中予以保护这一做法，并不能推导出除美术工艺品以外的所有应用美术品均不受著作权法保护，而应该从是否具有和纯粹美术品相当的艺术性以及制作者是否以追求美的表现为目的创作两个要件判断能否作为作品保护。除了考虑制作者的制作目的外，在客观上，对于没有受到实用性制约仍然可以从外形上表现出对美的追求的应用美术品，应该给予著作权保护。

图 13　T恤图案

【反例】木目化妆纸案❶（1991年，参见图14）

判决书中写到，应用美术品之类，如实用品的图案等用于制造生产目的的设计，原来受意匠法保护。但即使是用于制造生产的实用品图案，如果达到了诸如著名画家作品制作的，有高度艺术性的（具备思想和感情的创作性表现）高度，认定其为符合传统意义的有纯粹美术品性质的应用美术品，应被视作美术作品。

本案最终因化妆纸的图案没有达到艺术性高度而未被视作美术作品，未受著作权保护。

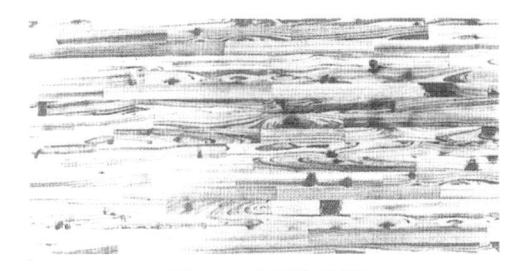

图 14　木目化妆纸

1.3.3　满足"作品"本质构成要件的就可受著作权保护

2015年的"儿童椅案"二审判决打破了多年来应用美术品尤其是工业制品受著作权保护的条件，第一次从作品构成要件本身来界定其是否受著作权保护。这之前很多受意匠法保护的产品大多被判定不受著作权保护。该案的判决在日本国内产生了轰动，显然未能得到一致共识。2016年的"幼儿筷案"仍采用了传统判断标准，可见这一判例中的标准仍待商榷。

---

❶ 東京高等裁判所，平成2（ネ）2733，1991年12月17日判决。

【正例】TRIPP TRAPP 儿童椅案（2015 年，参见图 15）

本案一审中仍延续了以往法院案例或者理论上的考虑方法，认为"在不考察原告产品即座椅的实用功能时，很难认定其具备富有美感的创作性并能够成为具有美感的鉴赏对象"❶。

一审判决明示地承认应用美术品受著作权保护的判断基准为"是否具备富有美感的创作性而能够成为具有美感的鉴赏对象"；二审判决认为"富有美感"这一概念，多用于主观评价，关于判断什么才是"美"，个人差异非常大，很多情况下即使进行了客观的观察也还是难以形成共识，很难与上述判断基准相适应。因此，该判决中将"是否发挥了作者的个性"作为判断基准，更改了以往的判断基准。二审判决认为本案中反"L"形弯折的椅腿设计是作者个性发挥的体现，该造型不是受椅类功能性设计限定的必然形状。判决书中认为，该类产品可以作为作品受著作权法保护，但其外观必须充分表达了作者的个性发挥（外观平庸普通没有表达"创作性"的则不可以受保护）。❷

值得注意的是，该款椅子的判决明显受到 2014 年荷兰、德国判决的影响，该儿童椅在上述两国均被认可为受著作权保护的实用艺术作品。

图 15　TRIPP TRAPP 儿童椅　　图 16　幼儿筷

【反例】幼儿筷案❸（2016 年，参见图 16）

本案幼儿筷在 2015 年获得了意匠权（公告号 JPD1531558），同年权利人即以意匠法和防止不正当竞争法提起过诉讼，一审、二审均败诉。随后该权利人即本案原告又以侵犯其著作权为由提起诉讼，一审、二审法院均未予以支持。

本案二审法院判决认为，该案幼儿筷不属于美术工艺品，也不等同以美术鉴赏为目的的纯粹美术作品，原告主

---
❶ 東京地方裁判所，平成 25（ワ）8040，2014 年 4 月 17 日判决。
❷ 知财高等裁判所，平成 26（ネ）10063，2015 年 4 月 14 日判决。
❸ 图片来源：中国外观设计智能检索系统，日本外观设计专利公告库，公告号 JPD1531558，产品名称：幼兒用お箸，公告日 2015 年 8 月 17 日，最后访问日期：2018 年 4 月 9 日。

张的"圆润的筷头套设计、手指套环设计"等设计特征也未达到著作权的"作品"的创作性高度，未充分表达作者的个性发挥，不能受著作权保护，并指出原告主张的"本产品具备其他同类产品不具备的造型特征（从而不考虑其自身是否具有美的特性）"的观点是错误的。❶

2. 日本意匠法的保护

《日本意匠法》（对应我国专利法的外观设计保护部分，1959年颁布，2006年最新修订）将应用美术品视作一种外观设计，并规定了保护的方法。其第2条第1款规定"本法所称'外观设计'，是指能够通过视觉引起美感的物品（含物品的构成部分。第8条除外，以下同）的形状、图案或者色彩及其结合"。

意匠法的保护与著作权法保护相比有如下区别：（1）授予的权利是绝对的排他权利；（2）为防止过度垄断，其保护期限较著作权短；（3）对艺术性高度的要求较著作权宽松；（4）必须注册登记才能获得保护（并且有新颖性、创造性以及公告等条件）；（5）授权条件还包括必须适于工业应用，可大规模生产。

由于意匠法的保护客体有明确的限定，确权依据（新颖性、创造性、适于工业应用等）也较著作权（思想或者情感的独创性表达）更客观易操作，因而意匠法对应用美术品的保护基本不存在争议。

3. 日本应用美术品保护的主要争议点

由于日本意匠法颁布在前，应用美术品一直属于意匠法的保护客体。现行著作权法制定在后，且相关规定又不甚明确和肯定，几十年来就应用美术品的著作权保护问题一直处于热议中，民间对于著作权法修订的呼声也很高涨。理论界主要在以下几个问题上存在争议。

3.1 美术工艺品是否为一次性手工制作的美术作品

一种观点认为，美术工艺品在艺术领域就是指一次性手工制作的造型品，著作权法中的美术工艺品当然应如此解释。

另一种观点认为，无论是量产的还是手工制作的，生产工艺并不应该作为美术工艺品定义的参考因素，美术工艺品应该包含用工业技术批量生产的造型物。❷

---

❶ 知财高等裁判所，平成28（ネ）10059，2016年10月13日判决。
❷ 李洁雯："实用艺术作品的著作权保护研究"，中国政法大学硕士学位论文，2015年3月，第21页。

3.2 美术作品包含美术工艺品的条文如何理解

一种观点为创设说,即著作权法中美术作品原本并不包含美术工艺品,这一条文作为特别规定,将应用美术品中的美术工艺品纳入美术作品保护,即著作权法仅保护应用美术品中的美术工艺品一类,并不保护其他应用美术品。

另一种观点为示例说,认为该条文只是注意性规定,美术工艺品作为示例,仅是应用美术品中著作权保护的一种客体,其他应用美术品也可以受著作权保护。❶

3.3 应用美术品是否可同时享有意匠法和著作权法保护

这一争议的前提是普遍承认意匠法与著作权法的立法目的和意义存在差异。意匠法不仅保护产品的外观设计也以推动产业发展为目的,而著作权法的立法目的之一是"促进文化发展",鼓励文化多样性。

一种观点认为,大部分应用美术品应由意匠法这一工业产权制度保护,避免与著作权法重复保护造成的立法宗旨混淆和司法资源浪费。

另一种观点认为,对于各种各样的保护客体,构成要件存在差异,不能仅靠一种方式保护而排除其他的必要性。对于应用美术品而言,即使排除了著作权法的保护,通过意匠法保护的同时结合防止不正当竞争法或者立体商标的重复保护依然存在,故排除著作权法的保护是不合理的❷。

支持第二种观点的另一种理由认为同时满足意匠法和著作权法保护的应用美术品仅占极少数,对其双重保护不会对两种法律的立法宗旨造成冲击或者混淆。

4. 对我国实用艺术品保护的启示

4.1 防止实用艺术品的泛著作权化保护

日本的著作权法制定不明确,导致司法实践在左右摇摆中缓慢前行,典型判例虽有一定代表性,但也有个案的特殊因素影响。总体而言,随着技术的进步,大众审美艺术的普及,应用美术品形式越来越多样,对其著作权保护的范围一直在经受扩展的考验,目前已经出现了直接从作品构成要件判断的司法判例。从中有两点值得我们特别注意。首先,"从作品构成要件判断"并不能简单理解为,对实用艺术品的著

---

❶ チャ・サンユク:「10応用美術(デザイン)の法的保護 - 韓国と日本の意匠法、不正競争防止法及び著作権法の比較を中心に」,知财研纪要 2009。

❷ 鯵坂和浩:「応・美術の著作権(TRIPP TRAPP 事件)」,2015 年 5 月 29 日,http://www.soei.com/blog/2015/05/29/%E5%BF%9C%E7%94%A8%E7%BE%8E%E8%A1%93%E3%81%AE%E8%91%97%E4%BD%9C%E6%A8%A9%EF%BC%88tripp-trapp%E4%BA%8B%E4%BB%B6%EF%BC%89/,最后访问日期:2018 年 4 月 8 日。

作权保护范围应进一步放宽,事实上日本以往的判决中也一直隐含着探讨"作品性"的思路(参见"博多人偶案"判决)。其次,由于对"思想或者情感的独创性表达"的判断较难把握,通常要结合本国人文背景(如"博多人偶案""佛龛雕刻案")和时代特点(如"T恤图案案""TRIPP TRAPP 儿童椅案"等),在司法实践中对"作品"的认定应采用更为谨慎稳进的做法,严守"高艺术性"这一底线,防止将实用艺术品简单等同于实用艺术作品而对其泛著作权化保护。

4.2 对新兴事物的知识产权保护范围论证需注重系统延续性

日本的理论界和司法实践均较注重客观的系统梳理,严谨求证。政府部门有专门外设的研究机构和咨询机构,故而对一个热点问题能够在纷繁的讨论中保持承袭,稳定推进共识,避免不必要的重复和反复。例如上文提到的1966 年的研究报告,在此后的理论界和司法界讨论中被普遍引用,虽不具备法律效力,却起到了凝聚共识的作用。又如日本的司法判例在 20 世纪 50 年代就有专门的学术期刊持续发行,所有判例文书的网站查询渠道也较早建成。

这一点除了对我国实用艺术品保护的问题有直接的借鉴意义,对 GUI、局部设计、字体、内部装潢等其他新客体的保护探讨也同样具有启发。我们应更多鼓励创新主体自发加入到讨论中,同时由中立机构负责记录更新,系统总结梳理,出具较权威的研究报告,为进一步改法或者立法提供客观支撑。

六、我国保护模式的探讨

作为一种跨界客体,既具备外观设计专利权保护客体的属性,在一定条件下又兼具著作权保护客体的属性,如何更好地厘清各自的保护界限尤其是著作权的保护边界一直是学术界探讨的热点。

知识产权是直接对客体上的利益进行配置的法律工具,不同权利对客体的选择以及客体上之权利的设定都是由多种因素决定的。没有对象或者客体的权利是"无米之炊",但权利的类型却并非由对象单方面决定,除了对象的自然属性之外,其他因素例如利益衡量、政策抉择等常常起到规定权利类型的作用。❶从文字作品、音乐作品、美术作品、实用艺术作品,到外观设计(包含实用艺术品)、

---

❶ 应振芳:《外观设计研究》,知识产权出版社 2008 年版,第 112 页。

外形的技术发明,再到发明,是一个非实用表达越来越少,实用思想逐渐增多的过程。这种精神创造成果的连续性,决定了其知识产权的保护模式。按照非实用表达—实用思想的递进次序,我们可以把这一次序看成一个连续频谱,在频谱的两端,对保护模式的确定几乎没有什么疑问,比如,文字作品几乎决定了著作权式的权利模式;技术方案,如方法、内部结构带来的技术效果只能是专利这样的保护模式。但处于中间地带的创造性成果,如实用艺术品,因其既具备著作权保护客体所具备的特征,又具备外观设计专利所保护的要素,所以,其既可以是外观设计专利权的保护客体,又可以是著作权的保护客体。本部分内容首先从各自权利客体的属性出发得出两种权利客体的差异,进而从立法目的、利益平衡等维度进一步探讨著作权和外观设计专利权各自的保护侧重,最后对我国实用艺术品的保护模式提出一些建议。

1. 外观设计权和著作权的客体属性

1.1 "产品"与"作品"属性

外观设计保护制度是伴随着世界工业的发展而建立起来的,工业革命使大量工业品进入市场,外观设计保护制度应运而生。英国作为工业革命的起源地,外观设计的保护也最早出现在其1787年颁布的《白棉布印花工法》中,该法对"任何……为亚麻布、棉布、白棉布和平纹细部的印花而发明、设计和印刷出……任何新颖和独创性式样的人"给予保护。之后,为了提高英国工业品的吸引力,英国将外观设计保护客体扩展至更多织品进而扩展至制造品的外形。外观设计保护制度一经产生就与市场与工业品产生了不可分割的关系。外观设计虽是实用与外观表达的统一体,但无论是国际条约还是各国法律,均将其归于工业产权范畴,即能够在产业上应用,能够适于工业生产,其产品属性不言自明。

外观设计保护客体的产品属性在各国外观设计法中均有所体现。比如在美国,要求就产品的装饰性提出的设计才能获得专利保护。《日本意匠法》和我国《专利法》规定外观设计是对产品或者物品的形状……做出的设计。

外观设计保护客体的产品属性决定了设计者所付出的智力劳动是对产品进行的设计,在产品设计过程中要同时关注外观造型与产品内在功能。外观设计保护制度正是基于这一智力劳动成果的属性而专门设计的一种制度。这直接决定了其授权和侵权判断标准的确立与产品类别密不可分。实用艺术品只要可以批量生产,具备产品属性,就可以作为外观设计专利的保护客体。

"作品"概念应该和文学财产的正当性以及思想和表达

二分法的形成有关。即文学财产保护的是思想得以呈现或者表达的文字形式和特征，❶这应该就是作品最早的雏形。文学财产争论中还有一个重要的标准即"实用与非实用"，著作权保护的文学财产即作品一定是和其实用性无关。如《美国著作权法》对实用艺术品的保护一直坚持"可分离特性与独立存在"的判断原则，即只有"艺术特征"可以与物品的实用功能相分离并能独立存在，其"艺术特征部分"才有可能作为艺术作品获得著作权保护。可见，"作品"相对于"产品"更加抽象，更游离于物质层面之外，与其应用领域无关。

著作权保护"作品"，按照其汉语释义，是文学艺术创造的成品。其属于两大知识产权中的文学艺术领域。著作权保护作品的具体表达形式，其重在保护作者的思想情感的表达，如一幅字画、一件雕塑。虽然随着艺术与工业、手工业的融合，著作权开始保护实用艺术品，但著作权的保护客体与是否能够产业化无关。就实用艺术品而言，其重在保护其设计表达而非实用，与产品功能无关。即使实用艺术品应用于产业，也是将其创作的独一无二的作品应用于工业领域，著作权的保护仍然与产品无关。如一个精美的艺术品无论应用于何种工业产品领域，只要造型相同则几乎可以确定构成侵权。

著作权的"作品"属性决定了其只能保护"非实用的表达"，与思想和实用功能无关，这就决定了其与专利不同的侵权判定方式，即接触加复制。来自于不同创作者的艺术作品不可能完全相同，除非是一个人复制了另一个人的智力劳动成果。外观设计的"产品"属性使得其设计首先要满足功能，满足功能的前提已经限制了设计不能天马行空，而对同类产品现有设计的利用也是设计要素的重要来源，因此，产品设计出现"雷同"的可能性远大于艺术作品，故采用专利的垄断性保护方式。

1.2 "非功能性"属性

这里所述的"非功能性"属性是指著作权和外观设计专利权均保护作品或者产品的非功能性特征，排除对功能性特征的保护。

外观设计强调实用功能与外观造型的完美统一。设计艺术只有达到"用"与"美"的统一，才能更好地满足

---

❶ 应振芳：《外观设计研究》，知识产权出版社2008年版，第73页。

人类物质和精神的双重需求，更好地显示设计艺术的终极目的。❶ 满足产品实用功能需求是设计的基础，随着技术的进步和人们对美好生活的追求，满足相同实用功能的产品在市场上琳琅满目。外观设计专利的保护对象是能够实现产品特定功能的款式各异的设计，进而促进产品的多样化设计不断涌现。

通常，除了纯装饰性特征之外，产品的设计特征都会实现一定的功能，例如带有杯把的杯子，其杯把用来握持，杯体用来盛放物品，那么"杯子"是否属于"功能性"设计？由此推论"非功能性"设计是否仅指纯装饰性设计？显然产品的"非功能性"并非此意。在最高人民法院行政判决书（2012）行提字第14号判决中，将设计特征分为三种：功能性设计特征、装饰性设计特征以及功能性与装饰性兼具的设计特征。判决中将功能性设计特征界定为在该外观设计产品的一般消费者看来，由所要实现的特定功能所唯一决定而并不考虑美学因素的设计特征。如果某一设计是由某种特定功能所决定的唯一设计，显然其没有其他选择

的可能，肯定与美学因素的选择无关，属于功能性设计特征。比如车轮要实现行走的功能其外轮廓必须是圆形，钥匙要开锁其齿形必须和钥匙孔匹配。如果某种设计特征仅仅是实现某种特定功能的有限设计方式之一，则仍可认定其属于功能性设计特征。这是由于外观设计申请人可能通过对有限的替代设计分别申请外观设计专利的方式实现对特定功能的垄断。这就背离了外观设计专利保护的立法目的。❷ 笔者认为，因美学考虑的非功能性以及大众审美的不一致性决定了只要选择与美学相关，设计特征的选择几乎都不会是有限的。因此，无论设计特征是否由功能唯一确定还是仅有有限次的选择，都可以认定其为功能性设计。外观设计专利排除对产品的"功能性"特征的保护旨在排除通过保护设计进而垄断产品功能，混淆与技术专利之间的界限。

受著作权保护的作品需要遵循的两个基本原则，即思想表达二分法，以及实用非实用二分法。❸ 著作权保护作品的艺术表达，而非实用性功能，实用性功能属于"思

---

❶ 唐家路等编著：《设计艺术学概论》，清华大学出版社2013年版，第60页。
❷ 林笑跃主编：《中国专利典型案例启示录 外观设计篇》，知识产权出版社2015年版，第63页。
❸ 应振芳：《外观设计研究》，知识产权出版社2008年版，第71页。

想",受技术专利的保护。因此,著作权保护非功能性因素是其基本属性。

《美国著作权法》对实用艺术品的保护一直坚持"实用非实用二分法",尽管其分离测试标准不断演变。著名的Mazer一案判决后,确立了美国著作权法对实用艺术品的保护规则,即外形特征能够作为艺术作品被分离出来,并且能够作为艺术品而独立存在的"可分离特性与独立存在"规则。此后《美国著作权法》所规定的"可分离特性与独立存在"不仅包括"物理上的",而且包括"观念上的"。美国法院和学者确立的"观念上的"可分离与独立存在原则虽有多种测试方法,但无论是哪种方法,其最终目的是要凸显著作权法不保护实用功能的立法本意。

受英国著作权法保护的"工艺美术作品"首先是考察创作者进行创作时的目的,看其是否主要以美学考虑为主,而不是以实用或者产品功能为主。日本著作权判例中在探讨设计的创作性时,首先要判断其设计特征是否受物品所要实现的功能限定,其外观是否充分表达了作者的个性发挥。

我国《著作权法》没有明确对实用艺术品的保护,司法实践中将其作为美术作品予以保护。我国司法判例中鲜有对艺术成分与实用功能是否可分离的判断过程,但有法官❶认为司法实践中一直强调实用成分与艺术成分的分离。对于"观念上可分离"主要是看改动了艺术部分的设计,是否会影响实用功能的实现。在检索到的案例中,绝大部分判例仅是论述实用艺术品是否具备著作权法意义上的艺术性。仅在"小熊游乐行李车"❷司法判决中找到了论述物理或者观念上可分离的论述(详见本部分我国对实用艺术品保护概述部分)。判决中的可分离性测试在于判断实现同一功能的设计是否在不影响使用功能的前提下有多种多样的选择。或者说当某种思想观念只有一种或有限的几种表达时,则著作权不仅不保护思想观念,而且也不保护表达。❸ 这种测试方法和外观设计专利法中对"功能性设计"的判断方法几乎一致,是否可以得出两种权利的"非功能性"属性正在逐步趋同?那么外观设计和著作权对实用艺术品的保护差异只能体现为"艺术性高度"的不同这一差异了。

---

❶ 芮松艳法官:我们司法实践中一直强调实用成分和艺术成分的分离,只是用什么方法证明分离罢了。
❷ 参见(2015)沪一中民五(知)终字第30号判决。
❸ 马云鹏著:《外观设计法律保护模式研究》,知识产权出版社2016年版,第142页。

1.3 "艺术性高度"差异

外观设计是产品功能和美感的组合。外观设计专利对客体美感或者装饰性的要求仅是相对于技术专利中的技术效果而言的。技术专利保护对产品技术性能做出改进的新的技术方案，外观设计专利保护对产品的形状、图案、色彩提出的具有美感的新设计。既然是对产品提出的设计，设计的首要目的是满足产品的功能要求，其次才是其装饰功能。有益于功能发挥的产品造型都可以被认为具有美感，只要这一造型不是实现产品功能的唯一选择或有限选择。产品外观设计必然会受到产品技术性能、所用材料、市场好恶等诸多因素的影响，其设计自由度必然受到限制，不能像创作作品一样随心所欲。因此，外观设计专利保护客体的艺术性标准在专利法中仅以"美感"来体现，实际判例中并没有一件因不具有美感而被驳回或者被无效的案例。因此受外观设计专利法保护的实用艺术品的"艺术性"并没有具体的要求。但之所以称之为实用艺术品，其"艺术性"自然应高于外观设计的平均水平。

因实用艺术品兼具"实用性"和"艺术性"，著作权保护客体的非功能属性决定了著作权仅保护作品的艺术成分，

实用艺术品艺术性高度也正是其独创性的体现。

艺术作品应是独一无二的，应充分体现作者的个性，著作权对保护客体的独创性标准，要求实用艺术品的艺术性也应是独一无二能体现作者个性的，因此其艺术性必须达到一定的高度。实用艺术品受功能限定能够发挥作者个性的选择空间受限，但要成为艺术作品，其艺术价值应不会随着其附着产品市场的快速更迭而快速湮没，因此，能够成为作品受到著作权保护的实用艺术品应该不会太多。而且实用艺术作品的"艺术"二字，不应只起定义上和识别上的意义，必须达到一定的艺术高度，这个标准应当高于我国《专利法》对于外观设计的美感要求。❶

在前述介绍的英特—宜家系统有限公司诉台州市中天塑业有限公司侵犯著作权案中（见图17），法院认为实用艺术作品的艺术性必须满足美术作品对于作品艺术性的最低要求，才能够获得著作权法的保护。该案例中的椅子和凳子不具备作品艺术性的最低要求，不能受到著作权法保护。但就其装饰性而言，显然满足外观设计专利的客体要求，在达到授权标准的前提下可以受到外观设计专利的保护。

---

❶ 张广良：《外观设计的司法保护》，法律出版社2008年版，第86页。

图 17❶　英特—宜家系统有限公司诉台州市中天塑业有限公司侵犯著作权案所涉及产品图

设计专利授权和侵权中产品类别的限制，能够将两种保护模式区分开的唯一要素只能是"艺术性"这一属性了。美国最高法院的判决似乎也能证明这一点。在2017年3月22日美国最高法院做出的拉拉队服装❷一案中，第六巡回上诉法院认为，拉拉队服装上的图形设计可被分离识别，因为这些设计与空白的拉拉队制服能同时并存。该判决不再强调服装的装饰功能，是不是认为装饰功能本身就属于艺术成分，与实用功能无关？从这个判决的测试标准看，美国似乎从强调可分离逐渐向强调艺术价值的高度偏移，或者说将是否具备实用艺术品的艺术高度作为观念上是否可分离的一个很重要的测试标准。英国司法实践中也不乏因艺术性没有达到工艺美术作品所要求的艺术高度而不受著作权保护的案例。日本更是从美术作品的本质探讨著作权对应用美术品的保护，比如应用美术品的艺术性是否能达到美术鉴赏的艺术高度，只有艺术高度等同于纯美术品的应用美术品才能获得著作权的保护。

从著作权和外观设计专利权保护客体的属性分析，实用艺术品一经批量化生产进入工业流通领域即变成产品，二者"非功能性"属性的逐步趋同，使得如果不考虑外观

---

❶ 图片来源：https://www.chinalawinsight.com/2012/11/articles/dispute-resolution/，"我国司法实践中对实用艺术品的保护途径（一）"，最后访问日期：2018年9月28日。
❷ 799 F.3d 468 美国联邦第六巡回上诉法院 Varsity Brands v. Star Athletica.

2. 利益平衡考量

随着现代知识产权的发展演进，知识产权与社会经济利益紧密联系在一起。法律不再评价在某一特定对象中所体现的劳动，而是开始集中于该对象的宏观经济价值；集中于它对于知识和进步，或者正如我们所说的，对于国民生产总值或者生产力的贡献。❶

2.1 过度重叠保护导致利益失衡

权利的过度重叠保护不利于创新与保护之间的利益平衡。美国总统林肯就曾经说，"专利制度是给'天才之火'浇上'利益之油'"，强调了知识产权制度对经济利益的巨大推动作用。但是否可以据此推定对智力劳动成果赋予的权利越多越好呢？答案显然是否定的。美国联邦委员会在2003年发布的"促进创新——竞争与专利法律政策的适当平衡"的报告中曾指出，专利权过多过滥以致形成"专利灌木丛"，原本无意"自由搭乘"的研发者们即使费尽心机也躲不开"专利灌木丛"的围堵，从而对创新产生了负面影响。

在同一智力劳动成果上设置过多权利也会造成类似后果。著作权和外观设计专利权对实用艺术品的双重保护并没有法律障碍，但是重叠范围不能随意扩大。这是由于著作权和外观设计专利权的过度重叠保护必然会增加设计人员在产品设计过程中的避让成本。工业产品的大量流通导致被控侵权人的独自创作抗辩不再成为可能，实用艺术品的著作权可能变成一种垄断权。对于落入外观设计保护范围和著作权保护范围的现有设计必须进行检索避让。外观设计制度的申请或注册制度使得检索比较容易实现，但著作权的自动产生使得检索成本极高，需要对市场上流通的各类产品和文献中记载的大量实用艺术品进行调查，不仅成本高昂，而且浩如烟海的现有设计导致无法实现真正避让，这一方面增加设计成本，另外必然在后续实施过程中存在侵权隐患，设计者投入大量成本设计出的产品进入批量生产后很有可能落入他人著作权的保护范围，带来极大的经济损失，增加整个社会成本，不利于激发创新积极性。

除此之外，过度重叠保护不利于权利人和社会利益之间的平衡。过度重叠保护必然造成一部分本该由外观设计专利保护的客体落入著作权保护范围，而对实用艺术品给予长期保护就会使得工业产权获得著作权的长期限保护，不仅有碍工业领域的自由竞争，不利于产业发展，而且对

---

❶ [澳] 布拉德·谢尔曼、[英] 莱昂内尔·本特利著，金海军译：《现代知识产权法的演进　英国的历程（1760—1911）》，北京大学出版社2012年版，第208页。

权利人的过度保护会产生对客体的过度垄断，使得权利人在一段时间内享受知识产权保护带来的零边际成本利益，挤占社会公众利益，对社会发展产生不利影响。

2.2 过度重叠保护不利于制度之间的平衡

随着技术进步和社会的发展，以及利益集团对立法部门的影响，各类知识产权权利边界不断扩张。但知识产权作为民事法律体系下一个完整的保护制度体系，在创设制度体系之初，必然基于各自的立法宗旨为权利的行使设置边界，为权利人的行为划定篱笆。各种权利边界虽有交叉，但各自的保护中心不应太过偏移。

外观设计的保护制度是伴随着世界工业的发展而发展起来的，工业革命使大量工业品进入市场，外观设计保护制度由此应运而生。因此，在我国，属于工业产权的外观设计专利保护的是进入市场的工业设计，目的在于促进与人们日常生活密切的产品设计的创新发展。而属于工业产权的外观设计专利权给予发明人在较短一段时间内产业应用中的垄断权，鼓励发明人尽快将自己的发明创造投入产业应用，其目的在于满足物质生活需求，推动产业的快速发展，同时，较短的保护期也有利于注重时尚风格的实用艺术品推陈出新，从而达到鼓励发明创造的目的。

著作权以保护文化艺术领域的智力劳动成果为首要任务，其目的在于精神层面，为人们提供文化和美的精神享受，给文化消费者带来高附加值的作品。比如受英国著作权保护的"工艺美术作品"首先是从创作时创作者的目的是否主要以美学考虑为主，而不是以实用或者产品功能为主。日本著作权法保护的"应用美术品"在符合"思想和情感的创作性表现"之后，还要对其制作目的和利用情况进行考量。这与著作权法和外观设计法调整的对象不无关系。因此，著作权的保护侧重于实用艺术品的"艺术设计"，而非实用领域，著作权较长的保护期限有利于文化的传播。

从前面的分析可知，实用艺术品的商业属性和外观设计与著作权对客体非功能性的要求，使得在不考虑产品领域的前提下，能够将两种保护方式区分开的唯一因素在于实用艺术品艺术高度的差异。若降低对"艺术性"的要求，这很容易造成著作权的不当扩张，使得大部分工业产品获得著作权和外观设计权的双重保护。如果著作权对作品的独立创作要件随着产品的广泛流通不再成为被控侵权人的抗辩理由，那么很可能著作权就变成一种垄断权，扩张到产品的外观设计层面，势必模糊其与外观设计专利保护之间的界限。而著作权的保护要件低于专利法，且保护期限比专利法要长，成本极低，如果著作权法通过物品的"艺术性层面"取得著作权的方式获得对产品外观设计的长期垄断保护，必然架空外观设计保护制度，不利于对工业产品提供短平快保护的外观设计保护制度的健康发展。

3. 结论

3.1 对我国《著作权法（送审稿）》中增加"实用艺术作品"保护客体的思考

我国《著作权法》立法之初并未将实用艺术作品列举为著作权法的保护客体。原因在于：实用艺术作品同美术作品不易区分；实用艺术作品同工业生产紧密联系，著作权保护期非常长，对实用艺术作品的保护可能会影响工业生产；……实用艺术作品中有相当一部分是工业产权保护的客体。而工业产权保护的手续和保护期方面显然不具备著作权保护的优势，如果用著作权保护，岂不无人再申请工业产权保护了吗？❶ 目前的司法实践中，我国一直将实用艺术品作为美术作品予以保护。而且有些法院实际上已将外国公民主张的实用艺术品作为美术作品中的一类适用现行《著作权法》保护。美术作品的保护期为50年，远远超过《伯尔尼公约》的最低期限要求。那么为什么在《著作权法（送审稿）》中将实用艺术作品作为一类客体单独列出呢？有学者认为，之所以将实用艺术作品单独列出是由于外观设计需要应用于工业上批量生产，保护期限过长，可能会形成不适当的垄断，妨碍工商业的发展，损害社会公共利益。❷

如果按照《著作权法（送审稿）》有关实用艺术作品的立法建议将实用艺术作品作为单独客体列出，并给出25年的保护期，虽然从法律条文上看消除了对我国国民实用艺术作品保护的歧视，但同时会带来一些更复杂的问题。美术作品的保护期限为50年，实用艺术作品的保护期限为25年，那么在司法实践中必然会出现如何区分美术作品与实用艺术作品的问题。而且权利人如果认为其实用艺术作品符合美术作品的艺术性高度，自然也不愿意按照实用艺术作品请求保护。此外，还要划分受著作权法保护的实用艺术作品和不受其保护的实用艺术品之间的界限，为司法实践带来一系列棘手的问题。

此外，尽管著作权保护具有自动获得、成本低廉等优

---

❶ 许超："关于修改现行著作权法的初步想法（之二）"，载《著作权》1994年第4期。转引自曹新明："关于著作权客体问题的调研报告"，载国家版权局编：《著作权法第二次修改调研报告汇编（上册）》，第41页。转引自卢海君：《版权客体论（第二版）》，知识产权出版社2014年版，第250页。
❷ 张广良：《外观设计的司法保护》，法律出版社2008年版，第87页。

点,但如果在著作权法中明确对实用艺术作品进行保护的情况下,可能会给人以所有实用艺术品都可以获得著作权法保护的错误信号,权利人有可能会出现误判,使其怠于申请和维持需要耗费一定成本而保护期限仅有10年的外观设计专利权(第四次专利法修改可能将保护期延长至15年),出于成本和保护期限的考虑不去申请外观设计专利,而实用艺术品要获得著作权法保护又必须达到美术作品的艺术性高度标准,对于那些大量的因为受到产品实用性的制约而缺乏足够高的艺术性和独创性、主要目的用于产业上批量生产的实用艺术品来说,其获得著作权法保护的状况并不乐观,这极有可能导致大量的实用艺术品既无法获得著作权法保护又得不到外观设计专利的保护;而如果为了迁就对实用艺术品的著作权法保护,制定单独的保护标准,势必降低对实用艺术作品的艺术性和独创性要求,将本该由专利法保护的实用艺术品作为其保护对象。比如,实用艺术品密集的灯具、服装、家具、玩具等,其外形再美观,也要首先满足实用功能的要求。因此,工业设计者能选择的范围并不像传统文学与艺术那样广泛,大多数的实用艺术品的艺术高度并没有达到美术作品的高度。降低要求就会降低著作权对实用艺术作品的艺术高度,出现前面所述的利益失衡问题。

3.2 著作权保护的实用艺术品应具备较高的"艺术性"

正如前文所述,从著作权和外观设计专利权保护客体的属性分析,实用艺术品一经批量化生产进入工业流通领域即变成产品,二者"非功能性"属性逐步趋同,如果不考虑外观设计专利授权和侵权中产品类别的限制,加之我国司法实践中受著作权法保护的实用艺术品比较弱化"实用性"和"艺术性"的可分离性标准(通常仅排除对类似汽车、飞机的外观造型保护,原因在于其外观与产品的行使和飞行功能融合不可分,改变外观会影响功能的发挥),如此,能够将两种保护模式区分开的唯一要素似乎只在于"艺术性"这一属性了。若降低对"艺术性"的要求,这很容易造成著作权的不当扩张,模糊专利权和著作权对实用艺术品的保护界限。此外,从权利保护和创新成本、社会和权利人的利益平衡角度出发,将著作权的长期垄断权不当扩张到产品的外观造型层面,有可能对产品外观造成长期垄断,不利于产品外观设计的多样化发展,有可能背离知识产权法保护科学和实用艺术进步的目的。

从利益平衡角度来说,著作权法对实用艺术品的保护应回归其立法本意,促进文化产业的发展。而"艺术"作为一种文化产业就要通过艺术表现形式反映作者精神方面的思想情感,带给人们美的享受。因此,著作权保护的实用艺术品应首先以"追求美"为其首要目的,具有足够高的艺术性。"艺术高度"的把握可以借鉴日本的做法,即需要具备可以视同纯粹美术品的相当程度的美的创作性。❶即能够不受物品实用性的制约,通过艺术外在表现形式充分表达作者思想感情,强烈反映作者对美的独特领悟,达到纯美术作品所具备的艺术性高度。

3.3 权利到期后的外观设计是否依然受到著作权保护

因实用艺术品的产品属性导致其受功能限定发挥创作的空间有限,因此艺术性高度达到著作权保护要件的不会太多,因此,二者重叠保护的范围仅是实用艺术品中的一小部分。对于获得重叠保护的一小部分,外观设计专利权到期后,是否依然受到著作权保护呢?笔者认为,两种权利的获权条件、保护范围和保护期限各不相同,两种权利相互独立并无依存关系。外观设计专利与工业产品保护范围与其适用的产品领域不可分割,其仅给予发明人在较短一段时间内某一产品应用领域的绝对垄断权,鼓励发明人尽快将自己的发明创造投入产业应用,因此,外观设计专利权是权利人在某一相同和相近产品领域内的绝对垄断权,其权利力度大,期限短,范围窄;而著作权保护侧重于设计,与设计的具体应用领域无关,其足够高的艺术性恰好与较长的保护期限相匹配,符合著作权法鼓励文化传播的立法目的,因此,其权利力度相对较弱,期限较长,保护范围较大。外观设计专利权的到期仅表明该外观设计在所附着的相同和相近产品领域的绝对垄断权丧失,并不意味着该设计本身或者在其他产品领域的应用失效。所谓专利权的公开换保护也仅限于这一产品领域。如在谢林瑞"老谢榨菜"包装袋案❷中,浙江省海宁市人民法院一审判决认为授予该图案作品的外观设计专利权,其保护范围是与附着的产品紧密相连的、只局限于与外观设计产品相同或者相近的产品类别上使用相同或相近似图案。涉案专利失效,表明涉案图案在食品包装袋及其相近领域上的使用已进入公共领域,在该保护范围外,涉案图案作品仍然可以享受著作权,两者并不冲突。二审法院维持原判。本案中被告将失效专利图案应用于同一产品领域的榨菜包装袋上,具有合法正当性,这是因为,该图案随着专利的失效在这一领域的权利已经进入公有领域,体现了社会公众对专利权的社会公示效力的信赖。

---

❶ 黄钱欣:"日本应用美术品著作权法保护实证分析及其启示",载《中外知识产权评论》第一卷 2015 年第 1 期,厦门大学出版社,第 96 页。
❷ 参见(2013)嘉海知初字第 10 号,(2013)浙嘉知终字第 5 号判决。

第二部分

实用艺术品外观设计专利典型案例

第一章　家具类实用艺术品

1. 家具类产品概述

家具是为了满足人类生活、工作需要而产生的，其应用广泛，与人息息相关，是人类维持正常生活、从事生产实践和开展社会活动必不可少的生活用品。家具通常指衣橱、桌子、床、沙发、椅子等大件产品，同时也包括屏风、衣帽架、置物架等小件产品。家具门类繁多，品种多样化，用途不一，是生活和工作空间的重要组成部分。

经过几千年的发展演变，为了适应不同地域、不同民族、不同使用场所、不同群体的需求，家具的种类、风格、造型也有着明显的变化。有不少为人熟知的大师作品，比如，1917年建立荷兰风格派的建筑师里特维尔德设计的红蓝椅（见图1）。到了近代，随着生活水平的日益提高，人们对于家具的向往不再是单纯的满足使用功能，往往会对家具的款式、造型、材质、工艺等提出更高的要求。艺术性成为家具的一个重要特性。家具从作为满足人们使用的基本需求的生活用品，发展到具有审美特征和文化内涵的艺术品，就是适应了人类多层次的精神和物质需要的结果。

图1❶　红蓝椅

家具的类型、功能、形式、风格和制作水平以及当时的普及情况，反映了一个国家或地区在某一历史时期的社会生活水平、社会物质文明水平以及历史文化特征，是某种生活方式的缩影和某种生活形态的体现，因而家具主要有以下几个特性。

（1）实用性。实用性是家具的最基本特性，是普通消费者最在意的部分，它应包括舒适、便利、节省空间、耐用、易于维护、便于打理等方面。实用性的好与坏是衡量一件家具优与劣的基本要素。

（2）艺术性。艺术性是体现家具价值的主要部分，具体表现在家具的外观造型、装饰、色彩、工艺等方面，也

---

❶ 图1来源：http://y1.ifengimg.comd34f5ae8e9934ee520150316ori_55062e8044b17.jpeg，最后访问日期：2018年9月26日。

包括因结构而构成的美。是否具有艺术性,是评定一件家具美与丑和内在价值的重要因素。

(3)文化性。文化性是家具内涵的综合体现,是对其所处时期社会经济、文化、制度的充分展现,是工艺与艺术的有机结合,是智慧与观念的完美碰撞。

正因为各种特性的有机结合,才能促使家具伴随着人类的发展而发展,不断变化、丰富,从而形成独特的风格。

按照家具的用途及使用地点,通常可分为卧室家具、客厅家具、书房家具、餐厅家具、办公家具、储物家具、户外家具、厨卫家具等。

从使用地点来看,卧室、客厅、书房、餐厅等私密空间家具与人的作息紧密度更高,人们对于这些家具除了实用性的需求以外,往往会对其舒适性、艺术性有更多的期待,故设计人员会对这些家具给予更多关注,人们对设计也会提出更高要求。(参见图2至图4)

图2❶ 五斗柜　　图3 凳子

图4 沙发

---

❶ 图2至图4来源:外观设计专利数据库,最后访问日期:2018年9月26日。

为了适应室外多变的气候，室外家具多以藤制、金属家具等为主，这些材质不易损坏且价格低廉。牢固耐用是此类产品的首要目的，其对于实用性的需求明显高于艺术性。（参见图5、图6）

图5[1]　秋千

图6　桌子

同样，板式家具、办公家具，尤其是群体性的办公家具，对于实用性的需求通常也会高于艺术性。

为了以较低的成本满足不同消费者的需求，部分家具实用性远高于其艺术性。该类家具一般材质低廉、造型单一、工艺简单，且没有过多的装饰元素，能满足一般的使用需求。（参见图7、图8）

图7　简易衣柜　　图8　化妆台

2. 家具类外观设计专利数据分析

本部分对2007—2016年，家具行业外观设计专利数据进行了梳理和分析，专利数据主要为《洛迦诺分类表》第11版中的06-01座椅、06-02床、06-03桌子及类似家具、06-04存放物品用家具及06-05组合家具，分别从总体申请量、主要省份申请量、申请人、申请量排序的前20位申

---

[1] 图5至图8来源：外观设计专利数据库，最后访问日期：2018年9月26日。

请人、设计人、设计人员平均产出及评价报告等方面进行分析。

2.1 总体申请量的变化

对 2007—2016 年历年家具外观设计专利申请量的统计结果进行分析，可以看出，我国家具外观设计专利的申请数量呈现出明显增长，在 2016 年达到 51000 多件。从整体数量的增长率来看，由于基数逐步增大，增长率逐步放缓。

图 9 2007—2016 年家具行业总体申请量变化

2.2 主要省份申请量的变化

从 2007—2016 年各省申请量的统计来看，广东省家具行业外观设计专利表现出了较明显的增长趋势，其数量一直保持在当年各省申请总量的前列，尤其在 2016 年其申请量达到了 13549 件，其次是四川、浙江、江苏。浙江、江苏两省在 2007 年申请量仅为 1564 件、699 件，至 2016 年则分别达到了 6987 件、5547 件，均有较快的增长。江苏申请量在 2015 年有明显的回落。

图 10 2007—2016 年家具行业主要省份申请量变化

2.3 申请人数量的变化

2007—2016 年间，申请人数量在逐年增加，参与的积极性日益高涨，2016 年达到了 12000 余人。

图 11 2007—2016 年家具行业申请人数量变化

2.4 申请人数量的 TOP20

按照 2007—2016 年的申请量排序，前 20 位的申请主体以工矿企业为主，其次是大专院校和个人。其中全友家私有限公司的申请量居首，到达了 5000 余件。大专院校数量较多的是江南大学、浙江工业大学，其专利申请量分别位于第 6 及第 10。

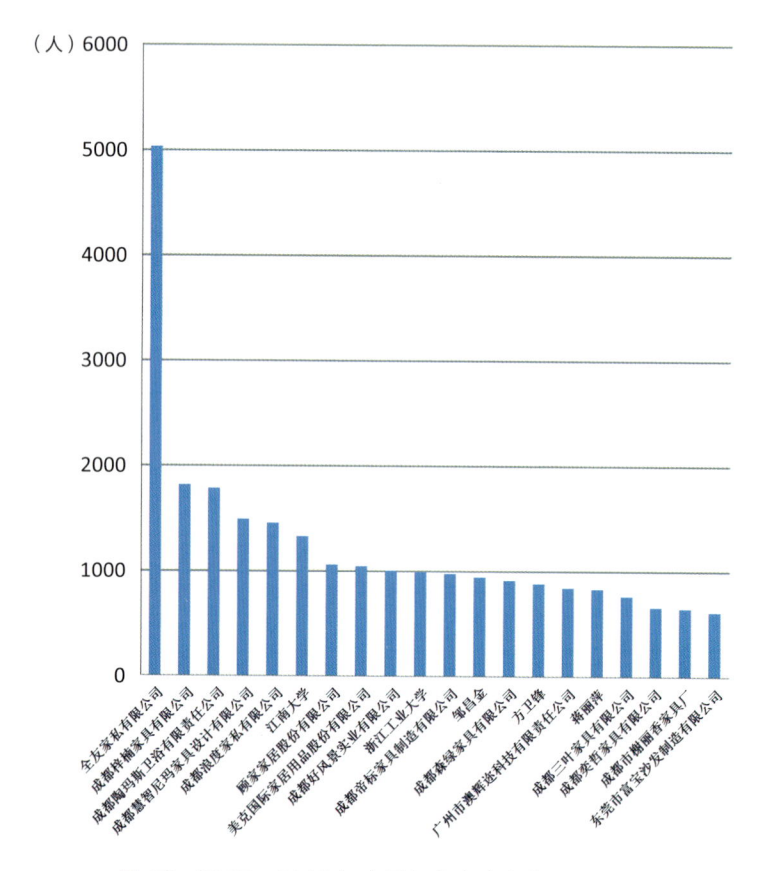

图 12　2007—2016 年家具行业申请人数量 TOP20

2.5 设计人数量的变化

设计人数量也在逐年增加，2015 年数量最大，2016 年略有下降。

图 13　2007—2016 年家具行业设计人数量变化

2.6 设计人员平均产出的变化

设计人员平均产出效率是指各年度专利申请中设计人员的平均专利申请数。从 2007—2016 年的数据统计结果来看，设计人员的平均产出效率在 2008 年之前一直保持了较高值，甚至达到了人均 4.6 件，也就是每位设计人员每年平均设计 4.6 件外观设计。2009 年开始这一数据出现下降，并保持相对稳定，在 2010 年和 2015 年人均 3.4 件。

报告制度以来，家具行业的请求量逐年递增，并保持了较高的增长率。2011年请求量只有27件，至2017年已达到了1249件之多。专利权评价报告在社会各方面应用广泛，该数据反映了家具的实施和对知识产权的运用越来越活跃，也反映了家具行业对外观设计专利权稳定性的需求日益增长。

图14　2007—2016年家具行业设计人员平均产出变化

2.7 评价报告数量的变化

自第三次《专利法》修改引入外观设计专利权评价

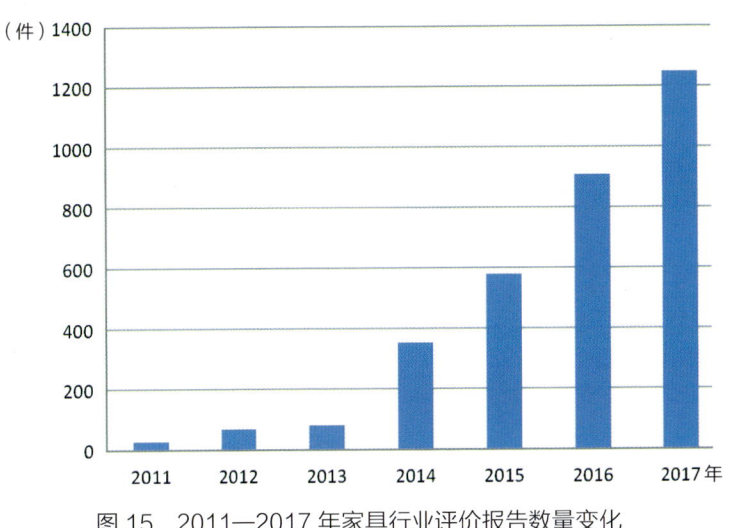

图15　2011—2017年家具行业评价报告数量变化

3. 家具的设计现状与特点

家具从产生至今从未与其所处的年代、地域、建筑分开过，并始终与其同步发展，最终形成了自己独有的风格特征。不同时代、不同地区、不同文化的家具都有着自己鲜明的设计特征，每一种典型风格的形成都与当时、当地的自然和人文息息相关。通常说的家具风格有中式传统风格、新中式风格、美式风格、古典欧式风格、地中海式风格、北欧风格、现代简约风格等。

3.1 中式传统风格家具

中式传统风格家具表达的是对清雅含蓄、端庄丰华的东方式精神境界的追求。我国的传统家具发展到明代，基本定型成熟。清式家具在结构和造型上继承了明式家具的传统，只是体量显得更加庞大厚重、富丽堂皇、气势雄伟，与当时的民族特点、生活习惯等息息相关。（参见图16）

图16❷　中式传统风格家具

明清家具的特点主要有如下四点❶。

（1）注重结构美。不用胶和钉，主要用卯榫结构。这种结构既可以应付庞大而笨重的家具在运输时的拆卸，又可以维护整体木质。

（2）注重材质美。充分利用原材料本身的色泽和纹理，色泽浓厚庄重，表面一般不再用油漆二次加工。

（3）注重造型美。造型浑厚、稳重、淳朴大方，线条流畅，直线与曲线完美结合，产生曲与直的形式对比，形态丰富。

（4）注重装饰美。传统家具除了制作精致，严谨准确外，在设计中运用了大量吉祥图案。在图案中借助谐音和寓意，使得形式和寓意巧妙结合，为广大民众所喜欢。比如，牡丹指代富贵，石榴指代多子，葫芦指代子孙万代绵长，鹿谐音禄，喜鹊则为喜庆等，这些图案妙趣横生，使得明清家具格外古朴、优雅，富有内涵，实现功能与形式的完美统一。

3.2 新中式风格家具

新中式家具是在传统中式美学的基础上，运用现代的新材料、新工艺、新理念、新技术去演绎中国文化的精髓。该类家具不仅具有中式传统家具的典雅、端庄，同时具有明显的当代特征。新中式风格家具并不是单纯的复古明清传统家具，更不是纯粹的将传统元素堆砌，而是通过对传统文化的重新认识，将现代元素与传统的精华元素进行有结合，从当代消费者的需求出发，在保留传统家具精髓的基础上进行适当的简化设计。它不仅体现了中国传统的审美情趣，也适应了当代社会发展的需求。（参见图17）

新中式家具与传统中式家具相比，新中式家具更注重实用性，对传统的中式家具作出了重大的改革。例如，考虑到传统中式家具的坐具较大，线条生硬，人体的腰背部难于贴合，长期坐卧舒适性较差的情况，新中式家

---

❶ 尹定邦、邵宏：《设计学概论》，湖南科学技术出版社。
❷ 图16来源：外观设计专利数据库，最后访问日期：2018年9月26日。

具在设计上融入了更加科学合理的人体工程学设计，更加注重人的体验，对产品的尺寸、结构和线条作出重大改变，从而更加满足当代人的生活、工作需求。新中式家具保留了传统明清家具的雏形，同时融入了现代化的工艺、材料，线条简单流畅、精雕细琢，并对造型进行了适当的简化，其造型更加符合现代人的审美理念。

3.3 美式风格家具

美式风格家具强调舒适、气派、实用和多功能。美式风格家具比较典型的就是美式乡村风格和美式新古典风格。

美式乡村风格倡导回归自然，带有浓厚的大自然韵味，主要采用松木、枫木等，保留原有的纹理和质感，线条简单，体积粗犷，适合在较大面积的居室中使用。布艺是乡村风格中非常重要的运用元素，配以丰富多彩的花鸟鱼虫、异域风情等图案，设计风格既简洁明快，又温暖舒适。（参见图18）

图 17❶　新中式风格家具

图 18　美式乡村风格家具

---

❶ 图17、图18来源：外观设计专利数据库，最后访问日期：2018年9月26日。

美式新古典家具多以优雅的线条，精雕细琢的雕花镶金给人留下深刻印象。无论是家具还是配饰均以优雅、唯美的姿势，平和而富有内涵的气韵，描绘出高雅、贵族的身份。（参见图19）

究手工制作，注重精细的裁切、雕刻及镶钳工艺，在线条、比例设计上也能充分展现丰富的艺术气息。（参见图20）

图19❶ 美式新古典风格家具

图20 欧式古典风格家具

3.4 欧式古典风格家具

欧式古典风格家具追求华丽气派、尊贵高雅，产品外观华贵、色彩富丽，线条流畅，用料考究，艺术感强。其延续了17—19世纪皇室、贵族家具的特点，讲

3.5 地中海式风格家具

地中海式风格家具给人一种轻松、舒适的感觉，色彩绚烂，饱和度高，以其极具亲和力的田园风情和色调的搭配为人们所接受。蓝与白是比较经典的地中海颜色搭配，材质选用天然的原木和石材等。地中海家具线条简单、圆润，显得比较自然，形成一种独特的浑圆造型。（参见图21）

---

❶ 图19、图20来源：外观设计专利数据库，最后访问日期：2018年9月26日。

图 21❶ 地中海风格家具

3.6 北欧风格家具

北欧风格家具设计以简洁、时尚、现代为主，线条较明快，造型紧凑，充满实用自然的浪漫风，传达简洁、温馨、自然的生活理念，同时兼具卓越的实用功能。实用和接近自然是北欧家具的两个主要特点，它将现实主义设计思想与传统的设计文化相结合，既重视产品的实用功能，又强调人文因素，避免过于刻板和严格的几何形态，从而产生富有"人情味"的美学。回归自然，崇尚原木韵味，不使用雕花、纹饰，外加现代、实用、精美的艺术设计风格，反映出现代都市进入新时代的新理念。代表性家具名牌有曲美家具、宜家家居等。（参见图22）

图 22❷ 北欧风格家具

3.7 现代简约风格家具

现代简约风格家具强调功能性设计，线条简单、装饰元素少，主张在有限的空间发挥最大的使用功能，其特点是简洁明快、实用大方，废弃多余的附加装饰，功能性和艺术性恰到好处的结合，适合当前家居面积普遍较小的现状。"极简主义"的生活哲学普遍存在于当今大众流行文化中，这种简单实用又不夸张的设计风格，正是当下很多人追求的生活。（参见图23）

---

❶ 图21 来源：http://img2.yiihuu.comupimgseonews20160715014b1e55c8d2996ac7255808e2dfb6.jpg@900w_1l_2o_100sh.jpg，最后访问日期：2018年9月26日。

❷ 图22 来源：外观设计专利数据库，最后访问日期：2018年9月26日。

图23❶　现代简约风格家具

随着工业设计的高速发展,材料日新月异,家具设计也发生着翻天覆地的变化,越来越多的新技术、新材料、新工艺在设计中应用。消费者挑选家具的范围越来越广,选择越来越多。根据不同的装修风格、个人喜好、承受能力,可选择不同的款式、材质、价位的家具。一般而言,实木家具因其成本较高,制作过程中花费的精力较多,其设计感会较强,艺术性也会相对较高。市场上部分板式家具、塑料材质家具因其材质相对低廉,市场价格较低,整体设计往往直来直去,没有过多的装饰元素,其艺术性通常也会较低。此外,目前也有一些厂家利用先进的制压工艺,以生产简洁的曲木家具赢得市场,该类产品通常都有一定的艺术性。

民族特性、社会制度、生活方式、文化思潮、风俗习惯、宗教信仰和环境气候等因素都会对家具的风格产生较大的影响。随着地域、文化的融合,生产力的提升而形成各个历史时期不同的家具风格。本书的外观设计专利案例部分展现家具的不同风格特点。

---

❶ 图23来源:外观设计专利数据库,最后访问日期:2018年9月26日。

家具案例

【专利号】ZL201430106723.0
【产品名称】沙发（猪）
【专利权人】陈兵
【设计人】陈兵
【点评】选取猪作为设计主题是件不容易的事情。然而设计师用简洁的线条、可爱的卡通造型、柔和的色彩、柔软而舒适的材料和简单可行的结构，让这头憨态可掬的猪不仅吸引眼球，而且适合多个场合的陈设和使用，可以单用，也可以任意组合；可以为坐具，更可以做茶几，并因为妙趣横生而让工作成为一种享受。

○刘晓红
（顺德职业技术学院）

【专利号】ZL201830008100.8
【产品名称】休闲椅（UFO-S-16-C）
【专利权人】陈兵
【设计人】陈兵
【点评】UFO 永远给人以神秘与向往，能够把这种对任何人都有吸引力的题材和感觉精准地用椅子表达出来，实在是件了不起的事情，这样设计引人入胜，不同凡响。浅色的实木脚架，活脱地呈现出人们概念中的 UFO 形象；毛毡材质的双色座框，以优美流畅的曲面形成 UFO 的主体，给人以拥抱的温暖感。此专利产品将科技概念演绎成优美而舒适的生活用品。

○ 刘晓红

（顺德职业技术学院）

【专利号】ZL201430106721.1
【产品名称】椅子（Vasca）
【专利权人】陈兵
【设计人】陈兵
【点评】瓦斯卡椅以艺术的形式为大众提供了舒适的座椅。永远时尚的色彩碰撞，让人激情四射；棱角分明的多面体组合，让人动感十足。设计师成功地把赛车的速度与激情非常好地迁移到椅子上，让人同样获得速度与激情的同时，也获得了舒适与放松。

○刘晓红

（顺德职业技术学院）

第二部分　实用艺术品外观设计专利典型案例　77　　第一章　家具类实用艺术品

【专利号】ZL201330423926.8
【产品名称】椅子（蝴蝶型）
【专利权人】上海玛拉蒂家具有限公司
【设计人】辛华琛
【点评】椅子（蝴蝶型）的设计灵感汲取了美丽蝴蝶的形象，采用抽象造型的黑白整体围合，内置彩色的红黄软垫。椅子外观设计一气呵成，坐感舒适，便于工业化批量生产。

○彭　亮

（顺德职业技术学院）

【专利号】ZL201730423678.5
【产品名称】马鞍椅（Motostuhl）
【专利权人】浙江玛拉蒂智能家具科技有限公司　浙江粤强家具科技有限公司
【设计人】王大秋　彭汉强　周骏
【点评】马鞍椅（Motostuhl）设计灵感来源于骏马背上的皮具马鞍。采用可升降的机械液压立柱结构，底座采用四轮万向滑轮，是一把可升降、可移动的坐具。马鞍椅无论是用于餐厅、酒吧还是办公空间都非常合适，是一件外观造型与内部结构都有一定创新的现代工业设计家具。

○彭　亮

（顺德职业技术学院）

【专利号】ZL201230415378.X
【产品名称】沙发（DRESS）
【专利权人】上海阿旺特家具有限公司
【设计人】安娜·冯·斯凯文
【点评】DRESS 沙发打破了传统圈椅的造型，简洁而轻盈，外围刻意的皱褶造型赋予了沙发的柔婉时尚之感，橙色的外观也给人一种温馨而充满活力的感觉。

○ 戴向东

（中南林业科技大学）

【专利号】ZL200930199535.6

【产品名称】网椅（1）

【专利权人】永艺家具股份有限公司

【设计人】游忠意　程军

【点评】该款办公椅活泼可爱的造型给稳重的办公环境带来些许轻松愉快之感。正立面的造型酷似一张"微笑"面孔，活泼而充满童趣；金属海星脚的弧线造型有一种视觉上的张力感；纱网状靠背的轻巧与脚架、座面在体量感对比上形成了良好的稳定感。

○戴向东

（中南林业科技大学）

【专利号】ZL200930001342.5
【产品名称】椅子（钱椅 B-CA032）
【专利权人】朱小杰
【设计人】朱小杰
【点评】这把椅子的造型"取象于钱，外圆内方"，表达了一种待人处事的生活哲理：将内心的正直用委婉的方式表达出来。无论贫穷与富贵，人生的低潮与高潮，都是如此。其次将"方与圆，曲与直"的造型巧妙地融为一体，柔美而舒展，也展现了东方艺术的魅力。

○戴向东

（中南林业科技大学）

【专利号】ZL201730006812.1
【产品名称】茶台（WACT10）
【专利权人】张军
【设计人】黄文统　刘家成

【专利号】ZL201730006848.X
【产品名称】茶柜（WACG08）
【专利权人】张军
【设计人】谭菲妮

【点评】"琴棋书画，诗酒花茶"是中国式雅致生活的集中体现，茶室家具也是当代新中式家具设计的主要题材。"与谁同坐茶室"上溯宋代茶道器具的美学风格，又汲取明式家具的精巧榫卯工艺，采用方圆组合的现代抽象造型设计，非洲花梨木茶桌与乌金石嵌入茶台便于茶道表演与茶具沥水，圈椅主人座与手工编织蒲团，主客相对，相敬如宾，形成中国传统礼仪文化的跪坐形式，是一套体现当代雅致生活方式的茶室家具。

○彭　亮

（顺德职业技术学院）

【点评】自古以来，在中国文人的空间中往往不乏四季的意趣盆栽等自然花草。海棠书桌的造型取象于自然，桌面与腿架局部模仿海棠花的形态，书桌的正立面运用了韵律感很强的线性元素装饰，同时作为桌面的的支撑部件，是家具传统的支撑功能部件——腿与面板接合形式的一种创新。弯曲之间，在文人书房里，展现自然姿态。柔婉的曲线，虚实的对比，体现了产品的雅致与空灵，兼具东方家具的韵律美与线性美。

○戴向东

（中南林业科技大学）

【专利号】ZL201330356185.6
【产品名称】书桌（WASZ02）
【专利权人】深圳市自在家科技有限公司
【设计人】陈春华

【点评】海棠提柜的造型取象于自然，模仿海棠花的形态，同时将传统家具造型的神韵融入当下生活方式，将传统的面盆架与现代斗柜的功能相结合，在造型与功能方面体现出一种既传统又时尚的多重创新。柜体抽屉面板韵律感十足的间格线，巧妙地消减了椭圆柜体的体量感与沉闷感。海棠提柜整体的"点、线、面、体"造型元素的有机结合，以及圆润的线条与椭圆的造型，使家具表现出一种时尚、典雅、文秀的气质。

○戴向东
（中南林业科技大学）

【专利号】ZL201330356205.X
【产品名称】提柜（WATG01）
【专利权人】深圳市自在家科技有限公司
【设计人】陈春华

【点评】 AHA SWING 是广东工业大学艺术与设计学院第二期"开放设计"国际工作坊的成果产出。作品秉承开放设计的理念,发挥竹纤维弹性和现代合成竹材全方位强度极大的材质特点,整合儿童摇椅、儿童(跪坐式)涂鸦桌和儿童收纳箱于一体。同时,坚持易于加工制造、安装的设计方法,并通过互联网分享产品设计和加工方法,目前该产品已经进行两次协同设计和产品迭代。

○方 海

(广东工业大学)

【专利号】 ZL201630469691.X

【产品名称】 儿童摇椅(AHA SWING)

【专利权人】 广东工业大学

【设计人】 梁嘉惠 钟畅 方海

【专利号】 ZL201630109490.9
【产品名称】 禅室圈椅（YM15000BU）
【专利权人】 杜泽华
【设计人】 黄文东　曹慧勇　徐和顺
【点评】 联邦禅椅在设计上既汲取了宋代家具的简约美学风格，又传承了明式家具的精巧榫卯工艺，以"天圆地方"的艺术造型，舒适的人体工学尺度，行云流水般的圈椅线条，祥云如意纹的圆形开光铜靠背，以联邦家具"一木一器一匠"的技艺精神，打造了一把适应当代人们打坐禅修生活的座椅，成为追求高素质生活人群的新中式家具经典作品。2014年，入选米兰国际家具设计展，获颁米兰政府"中国设计，米兰看见"特别奖。

○彭　亮
（顺德职业技术学院）

【专利号】ZL201630445001.7
【产品名称】茶台（同舟）
【专利权人】肖锋刚
【设计人】肖锋刚

【点评】"仁者乐山，智者乐水"。于一隅茶房之中，望山之高远，观水之浩渺，咫尺千里矣。设计取宋画山水空间之意境，融合中式传统家具风格，多以平直有力的线条塑造简约的造型，以山形为装饰元素融合其中，由此组合的茶室空间营造出简约高远，端庄秀丽之意境。

○刘永飞

（深圳景初设计有限公司）

【专利号】ZL201630444486.8
【产品名称】座椅（依）
【专利权人】肖锋刚
【设计人】肖锋刚

【专利号】ZL201630071781.3
【产品名称】厅柜（K6301）
【专利权人】东莞市城市之窗家具有限公司
【设计人】王东升
【点评】整个厅柜的设计采用了中式元素的八角切边设计，背板造型简洁有力，扪皮部分镂空圆形，内置灯带，下面配以清玻层板，整个设计勾勒出月出水面的朦胧意境。地柜台面采用进口爵士白大理石，柜身选用烟熏色实木，整个搭配营造出寂静、优雅感。地柜、玻璃中空处安装了灯带，保证了地柜部分的整体感和氛围感。烟熏色的橡木、米白色的皮质、清玻与爵士白大理石造就了"刚柔并济"的材质搭配。整个厅柜有种中国山水画的即视感，实现了简约性、功能性和艺术性的统一。

○ 谢穗坚
（顺德职业技术学院）

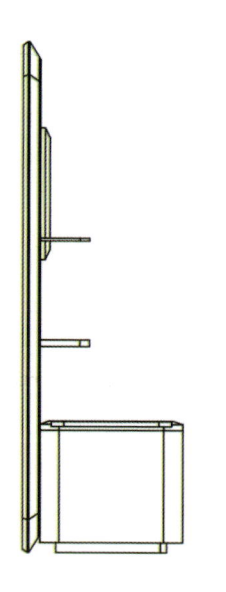

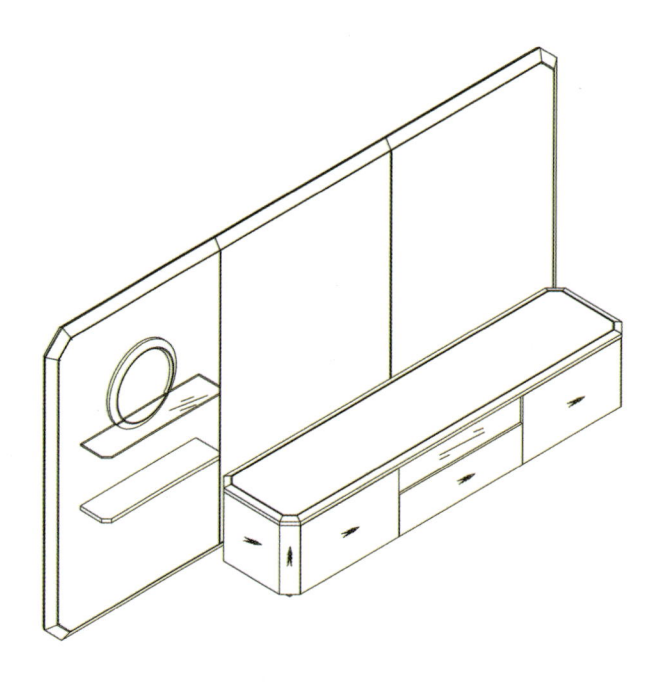

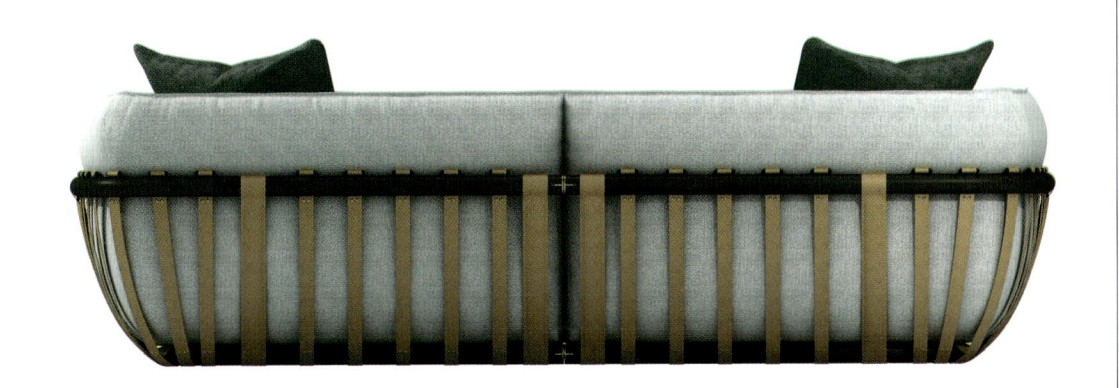

【专利号】ZL201830159393.X

【产品名称】沙发（AW-S082）

【专利权人】周文辉

【设计人】周文辉

【点评】这套沙发外观造型整体舒朗优美，沙发框架采用拉伸格栅缝厚皮革的弯管结构框架，弯管外部关键部位采用金属封口，内部采用模块化布艺软包，色彩优雅、坐感舒适、工艺精美，体现了低调奢华的设计风格。

○ 彭 亮

（顺德职业技术学院）

【专利号】ZL201830104620.9
【产品名称】挂衣架（601）
【专利权人】谭广照
【设计人】谭广照
【点评】前进家具一直以优质的曲木加工和钢琴漆工艺享誉行业。多年以来的原创设计积累，更是形成了其独特的生态设计手法。此作品以仿生的手法创作出婉如优雅舞步般的生动造型。结合挂衣功能的三脚设计，结构稳定。整件作品线条流畅，生动活泼，构成手法新颖。动与静、虚与实，相得益彰。

○谢穗坚

（顺德职业技术学院）

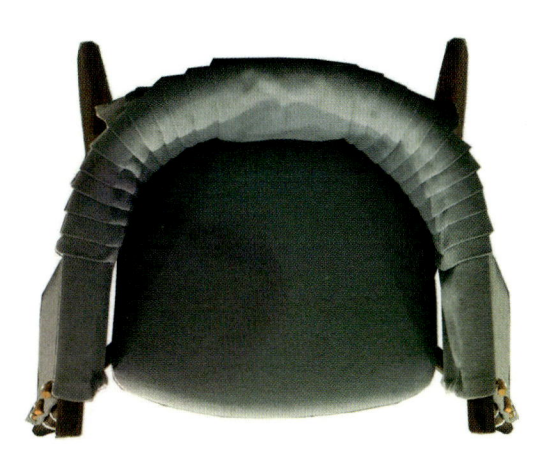

【专利号】ZL201630052951.3

【产品名称】圈椅（R1511B）

【专利权人】麦兴鉴

【设计人】麦兴鉴

【点评】设计灵感来源于《楚汉传奇》剧情里的汉服，将汉服的皱褶设计成椅子舒适的靠背，而且像衣服一样可以拆换清洗，椅子实木榫卯框架结构，也是明式经典圈椅的现代简约版设计。

○彭 亮

（顺德职业技术学院）

【专利号】ZL201530086596.7
【产品名称】休闲椅（R1305）
【专利权人】麦兴鉴
【设计人】麦兴鉴
【点评】休闲椅的造型源自中国明式圈椅的空灵骨架与宋代梳背椅的直棂靠背，加上舒适的布艺软包坐垫和靠背，造型简洁，坐感舒适，体现了当代简约主义的设计风格。

○彭 亮

（顺德职业技术学院）

【专利号】ZL201730046539.5
【产品名称】角几（Y1702）
【专利权人】麦兴鉴
【设计人】麦兴鉴
【点评】采用传统明式家具的三屉柜与包豪斯现代建筑风格的金属框架组合，传统与现代，东方与西方，实与虚，温润的木头与坚硬的金属形成了完美的组合，具有"阅梨"新中式家具的基因。

○ 彭 亮

（顺德职业技术学院）

【专利号】ZL201730121041.0

【产品名称】床（HR-A02）

【专利权人】林炳辉

【设计人】林炳辉

【点评】该款床的造型与结构形式有许多创新点，主要表现在床高屏的软靠采用的可拆装的结合方式，而不是常见的固定形式，与传统的床屏相比，床高屏的造型与结构可减少加工工时与材料消耗；低屏与床腿的造型也独具一格。

○戴向东

（中南林业科技大学）

【专利号】ZL201730072899.2
【产品名称】沙发（鸟巢）
【专利权人】东莞市大朗宝毅家具加工厂
【设计人】李联忠
【点评】沙发（鸟巢）外观设计灵感来自鸟巢，底座圆形采用空灵的木格栅结构，上部采用半围合型的皮革软包，圆形皮革坐垫与长方形的皮革软包靠垫，整体造型软硬结合，虚实相生。

○ 彭 亮
（顺德职业技术学院）

【专利号】ZL201730008344.1

【产品名称】休闲椅（猫咪隧道）

【专利权人】东莞广州美院文化创意研究院有限公司

【设计人】张欣琦　梁洛文　熊儒珺　陈咏佳

【点评】休闲椅（猫咪隧道）在设计上采用了多功能与趣味性相结合的方式，四腿木椅上面的扶手靠背采用圆筒形的彩色纤维手工编织，内空的圆筒形隧道可以放置宠物猫咪，成为一把有故事的趣味坐具。

○彭　亮

（顺德职业技术学院）

【专利号】ZL201530059675.9
【产品名称】沙发茶几组合（2030 系列）
【专利权人】孙国华
【设计人】孙国华
【点评】沙发茶几组合是一套手工编织的休闲沙发，内部采用铝合金造型骨架与可翻盖开合的五金结构，然后采用手工编织塑胶藤，编织图案精美，内部设置防水的布艺软包坐垫与靠背，设计采用有机壳体造型，结合人机工学的曲面，坐感舒适，外形轻巧优美，是一套多功能的户外家具。

○彭 亮

（顺德职业技术学院）

【专利号】ZL201530061219.8

【产品名称】无扶手躺床（NC02-4541）

【专利权人】梁洛文

【设计人】梁洛文

【点评】"藤蔓花园"躺床借鉴了法国古典花园造园的手法进行设计。侧面的装饰图案，灵感源自法式宫廷花园里常见的植物造型铁艺围栏。较粗藤管弯曲出"藤蔓"造型，细藤则蜿蜒伸展形成编织图案"蔓栏"。黑色的藤蔓以及金色的绳结，视觉效果雍容华贵，精致的"编织围栏"两侧彼此通透，花纹相互的间隔，呈现出恍如在花园间穿梭的美妙意境。

○ 谢穗坚

（顺德职业技术学院）

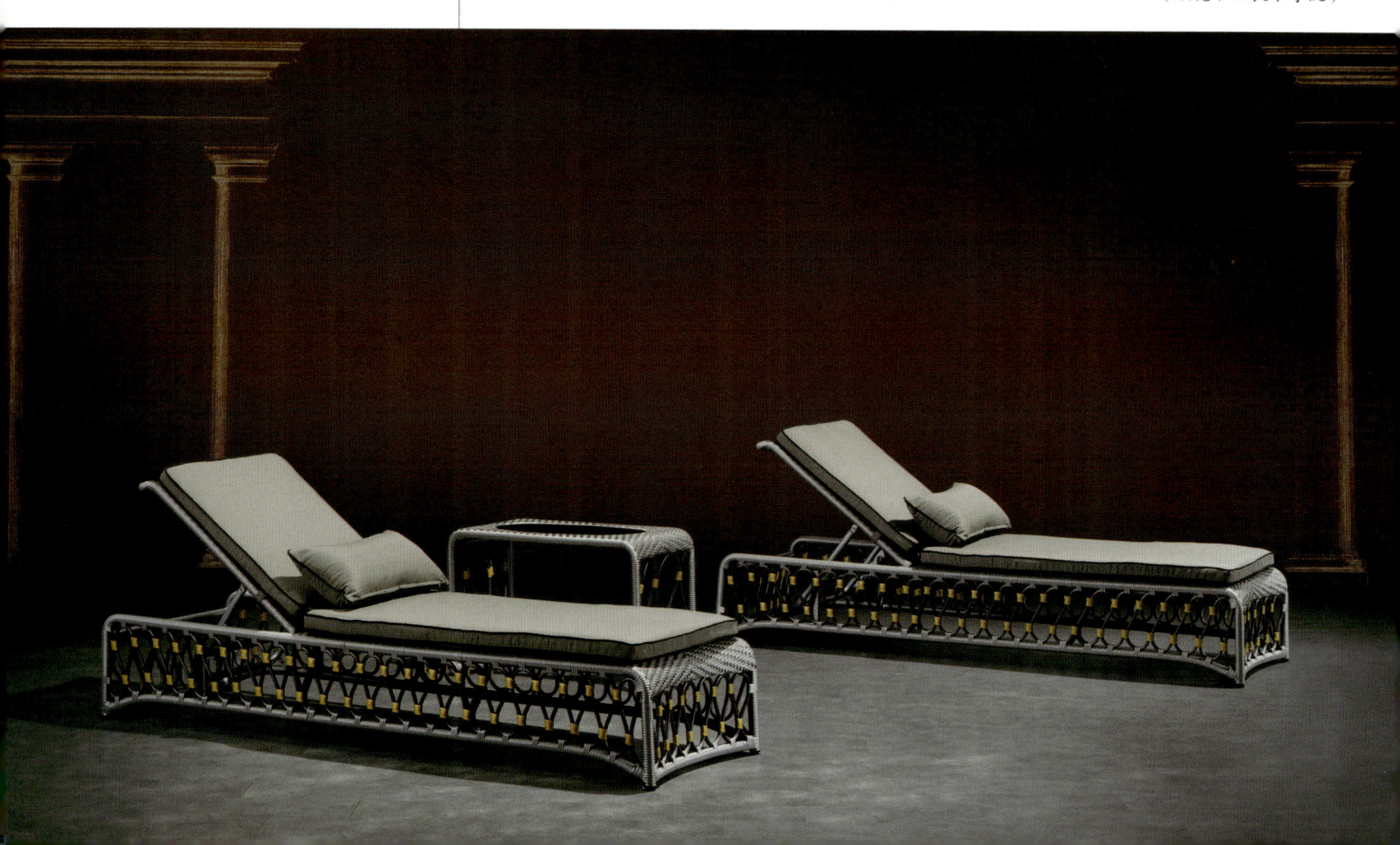

【专利号】ZL201530064225.9
【产品名称】可调背躺床（CF55-C8546）
【专利权人】梁洛文
【设计人】梁洛文
【点评】"树影花窗"躺床是从东方园林里的"树影花窗"汲取灵感的。运用粗细各一的藤片，通过六角编花形成图案"花窗"，让家具"披上"一层精致的编织肌理。巧妙的编织层次交叠，结合色彩的明暗变化，构成"树影花窗"般的意境。躺床造型设计运用自然仿生的手法，座面设计成树叶的形态，并将人体的躺卧曲线有机地结合在一起，造型优雅，使用舒适。

○ 谢穗坚
（顺德职业技术学院）

【专利号】ZL201530335892.6
【产品名称】沙发（SF-26031）
【专利权人】东莞市城市之窗家具有限公司
【设计人】王东升
【点评】长条沙发的造型体量大而不笨，得益于其修长舒畅的线性造型，木质扶手的空灵消减了"体"的量，在虚实之间找到了一种恰到好处的平衡点。沙发优美的弧线造型充满了一种轻快的张力感。

○戴向东

（中南林业科技大学）

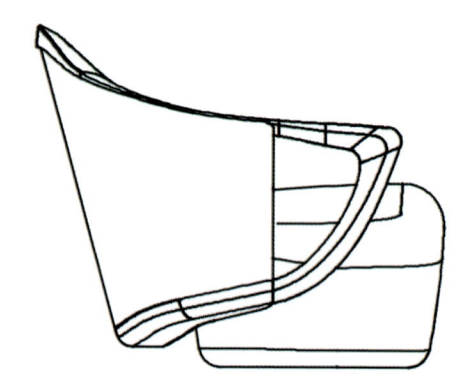

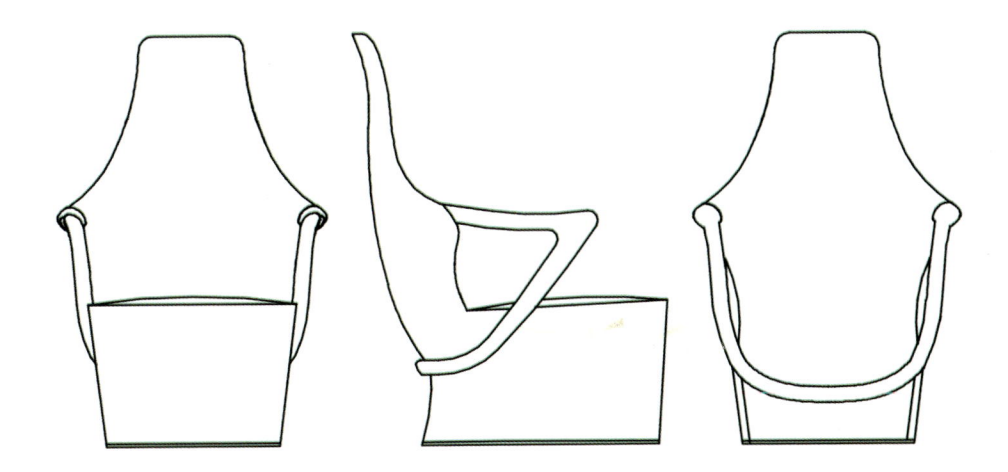

【专利号】ZL201530335827.3
【产品名称】休闲椅（SF-26027）
【专利权人】东莞市城市之窗家具有限公司
【设计人】王东升
【点评】沙发面料与扶手的色彩时尚温馨，而宜人的外观造型模拟了人体外形，显得亲切、自然，更符合人体工学原理。超常尺度的体量与高档材质彰显出一种稳重而华贵的气质。

○戴向东

（中南林业科技大学）

【专利号】ZL201630166903.7

【产品名称】沙发（R253SF3）

【专利权人】东莞市富宝家居集团有限公司

【设计人】黄进宝

【点评】这套欧式古典沙发采用巴洛克风格的木雕框架，加上布料软包，工艺精湛，雕刻精美，装饰豪华，在外观的雕刻图案方面对欧洲传统的巴洛克风格进行了改革与创新设计，采用了更加空灵的镂空雕花。

○彭 亮

（顺德职业技术学院）

第二章　灯具类实用艺术品

1. 灯具设计简介

1.1 基本情况

我国是世界灯具的最大生产基地。除工业照明、专业照明及灯具零配件外，室内外灯具占据了灯具市场的主导地位。近几年，随着我国经济社会的进步，以及节能灯、LED等新型光源的出现，灯具设计在造型上也发生了巨大的变化。光源的丰富使得灯具设计朝着更节能、更绿色环保的方向发展。室内外灯具为了满足不同场所的使用需求，其外观设计不仅具有照明的功能，更具有一定的观赏性、装饰性。这些灯具在设计时不仅需要考虑灯型、色、光与环境格调的相互协调，而且重视产品的艺术造型，整体产品具有一定艺术设计高度，达到了灯与环境互相辉映的视觉效果。（参见图1）

现代灯具经济实用、功能齐全，在设计时注重节能与高技术化。从行业分类上看，灯具大致可以分以下几类。（1）室内照明类：地埋灯、落地灯、吊灯、吸顶灯、壁灯、墙灯、台灯等。（2）室外照明类：道路、景观、商业装饰灯、探照灯等。（3）舞台灯类：追光灯、激光灯等。（4）车用灯类：前灯、尾灯、转向灯、顶灯等。（5）特种类：防爆、防水、手电筒等。

图1 灯具类实用艺术品

1.2 主要设计风格

为了适应不同地域、民族、场所和群体的使用需求，装饰性灯具在设计时呈现出多种装饰风格，与丰富多彩的现代生活同步。

1.2.1 古典欧式

欧式灯具以华丽的装饰、浓烈的色彩、精美的造型为主，追求雍容华贵的装饰效果。欧式灯具注重曲线造型和华丽的色泽。有的灯具还会以铁锈、黑漆等营造出斑驳的效果，追求仿古的感觉。从材质上看，欧式灯多以树脂、铁艺和玻璃为主。（参见图2）

图 2❶　古典欧式灯具

图 3❷　北欧风格灯具

1.2.2 北欧式

北欧风格是极具地域性的设计风格，其灯具设计具有简洁、自然、人性化的特点，在市场上很受消费者欢迎。北欧地区因地域原因十分亲近自然，追求真实性，灯具设计带有温馨、亲切、原始的艺术氛围。（参见图3）

1.2.3 意大利式

意大利设计将实用主义和古典文化相结合，在"二战"之后从众多风格流派中展露锋芒。简约与高贵的结合是意大利风格灯具牢牢占据主流设计地位的原因之一，同时具有古典和现代特征使得意大利风格的灯具可适应多种场所。（参见图4）

图 4❸　意大利风格灯具

---

❶ 图片来源：https://baijiahao.baidu.com/s?id=1595901705051685123&wfr=spider&for=pc，最后访问日期：2018年10月8日。
❷ 图片来源：https://zhuanlan.zhihu.com/p/34054416，最后访问日期：2018年10月8日。
❸ 图片来源：https://www.sohu.com/a/153270627_282265，最后访问日期：2018年10月8日。

1.2.4 美式

与欧式灯具相比，美式风格灯具的主要表现特点为粗犷大气，风格简洁且实用性强。美式灯具依然注重古典情怀，只是风格和造型上相对简约，外观简洁大方，更注重休闲和舒适感。其材质多以树脂和铁艺为主。（参见图5）

图5❶ 美式风格灯具

1.2.5 地中海式

地中海风格的灯具在选色上一般偏爱自然的柔和色彩，在组合设计上注重空间搭配，在造型上更是有很多的创新之处，往往会采用地中海独有的美人鱼、船舵、贝壳等造型作为设计元素。（参见图6）

图6❷ 地中海风格灯具

1.2.6 中式

中式灯具多以镂空或雕刻的木材为主，在结构上寻求视觉的稳定性，讲究造型的对称和色彩的对比，图案多为如意图、龙凤、京剧脸谱、神话人物等中式传统元素。中式灯具精雕细琢的造型和温馨的色调给人古朴端庄、简洁大方的感觉。（参见图7）

图7❸ 中式风格灯具

---

❶ 图片来源：http://www.xiugei.com/derive/pkhr/usadjimgdquan.html，最后访问日期：2018年10月8日。

❷ 图片来源：http://www.sohu.com/a/219261052_262207，最后访问日期：2018年10月8日。

❸ 图片来源：https://mp.weixin.qq.com/s?src=11&timestamp=1538988724&ver=1169&signature=y-uy56aemdP49NPPF4B-EwHyEqL3CGb6g*NmESHDTppy8xAXMDJr1sKaNmks-fGFyZwkH0A8URHC-EKE0-HGQLOQ5wMhkasJO5Kt5yqUmTVLXK996LXJMOR6zShKJPCc&new=1，最后访问日期：2018年10月8日。

1.2.7 东南亚式

东南亚的灯具造型具有明显的地域民族特征,多采用莲蓬、大象等动植物形象作为设计元素,色彩比较明快。为了接近自然,灯具大多就地取材,贝壳、椰壳、藤、枯树干等都是灯饰的制作材料,还会装点类似流苏的装饰。(参见图8)

图8❶　东南亚风格灯具

图9❷　田园风格灯具

1.2.8 田园式

田园式灯具重在对自然的表现,造型相对简洁,以明快清新的乡土风味为主。田园灯具多以布艺、藤条、木质等作为灯罩的材料,或采用碎花、流苏等装饰元素展示朴实的田园气息。(参见图9)

1.2.9 简约式

现代灯具追求时尚的视觉效果,其材质一般采用具有质感的铝材、玻璃等,在外观和造型上以另类的表现手法为主,色调上以白色、金属色居多,更适合与简约现代的装饰风格相搭配。(参见图10)

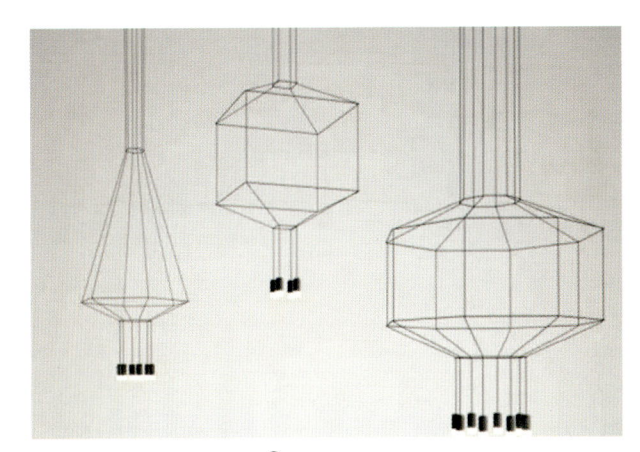

图10❸　简约风格灯具

---

❶ 图片来源:http://www.sohu.com/a/219261052_262207,最后访问日期:2018年10月8日。
❷ 图片来源:http://www.sohu.com/a/77462963_419239,最后访问日期:2018年10月8日。
❸ 图片来源:https://www.sohu.com/a/153270627_282265,最后访问日期:2018年10月8日。

2. 灯具类外观设计专利数据分析

2.1 总体情况

在灯具类产品中，可以达到实用艺术品高度的外观设计专利主要集中在 26-03 类和 26-05 类。26-03 类产品的外观设计专利申请量在 2012 年之前呈缓慢上升的趋势，2012 年的申请量接近 4000 件，之后几年 26-03 类申请量略有下降，到 2016 年又有所回升，基本回到了 2012 年的申请量水平。26-05 类产品的外观设计专利申请量则一直稳定增长，从 2007 年的 5000 多件逐年上升到了 2016 年的 26000 多件，涨幅高达 420%。这些申请量数据印证了近十年来我国灯具市场的快速发展。

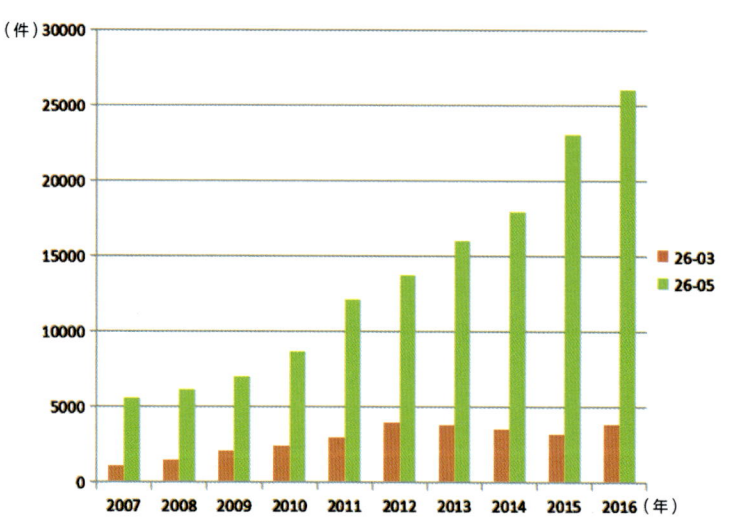

图 11　2007—2016 年中国 26-03 类和 26-05 类外观设计专利申请量

随着外观设计专利申请量的快速增长，26-03 类和 26-05 类的外观设计专利权评价报告请求量也大幅增长。26-03 类评价报告的请求总量已累计超过 200 件。26-05 类评价报告在 2014 年前的请求总量不超过 100 件，而到 2014 年全年的评价报告的请求量已经接近 200 件。2017 年，26-05 类评价报告的全年请求量则超过了 550 件。26-05 类评价报告所涉及的产品类型多样，外观设计专利质量也较高。

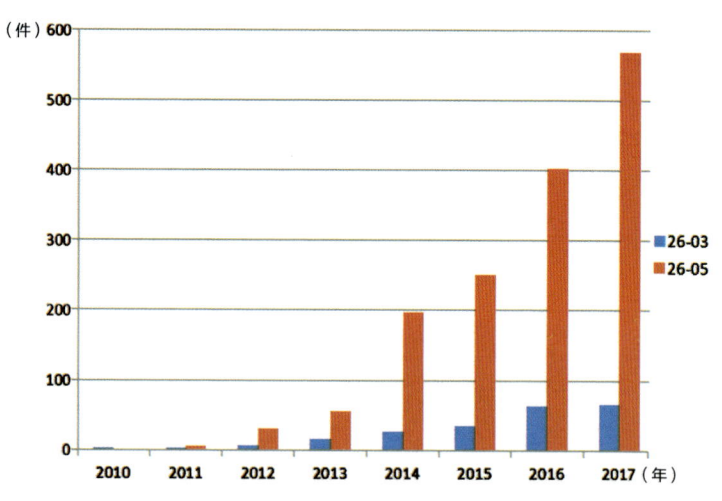

图 12　2010—2017 年 26-03 类和 26-05 类外观设计专利权评价报请求量

2.2 重点区域分析

从全国范围来看，广东、江苏和浙江三省的 26-03 类和 26-05 类产品外观设计专利申请较为集中。以 26-03 类产品为例，上述三个省份的申请量在近十年间均有所波动。总体来说，广东省申请量上涨态势明显，2016 年超过 1000

件，是近些年的最高申请量。而江苏和浙江省的申请量和本省最高峰相比有一定幅度的下降。与 26-03 类申请量相比，26-05 类产品的外观设计专利申请量在总量上更高。江苏和浙江省的申请量在总量上升的情况下，在 2010 年后出现了小幅度的波动。相比之下，广东省 26-05 类申请量在 2010 年后一直呈现稳定增长的态势，已经从 2010 年的 3500 多件增长到了 2016 年的 13000 多件，其中 2012 年的涨幅超过了 40%，近两年的涨幅也都在 20% 左右。目前，广东省作为国内的灯具生产大省，其灯具产品的外观设计专利申请量在全国同类产品中占有较大份额。

2.3 特定数据分析

为满足市场需求，企业在灯具设计上投入了大量的研发成本。目前，26-03 类和 26-05 类外观设计专利申请量排名前十的申请人中均有一半以上为企业申请人。26-05 类产品申请量排名前五的中山市琪朗灯饰厂有限公司、欧普照明股份有限公司近几年不仅申请量稳定，而且其灯具设计的艺术性也比较高。

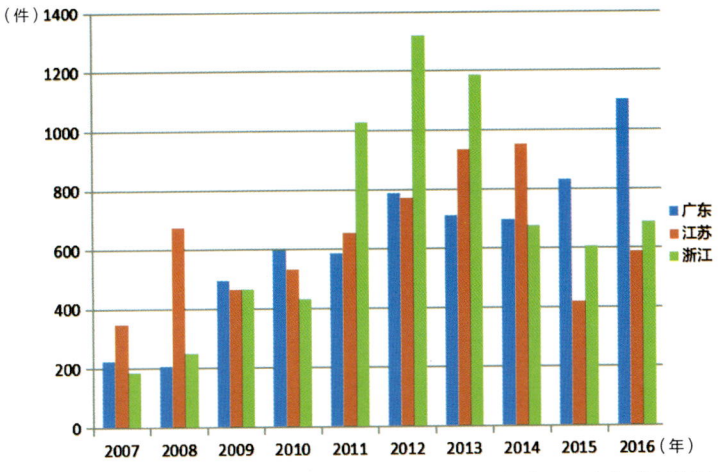

图 13　2007—2016 年广东、江苏和浙江省 26-03 类外观设计专利申请量

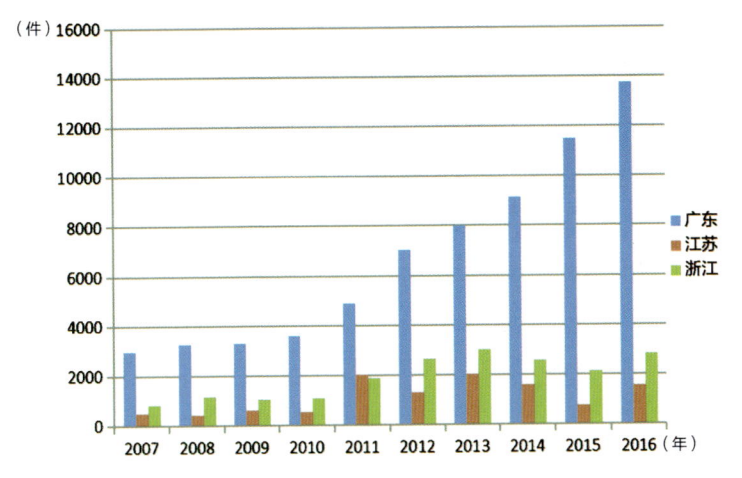

图 14　2007—2016 年广东、江苏和浙江省 26-05 类外观设计专利申请量

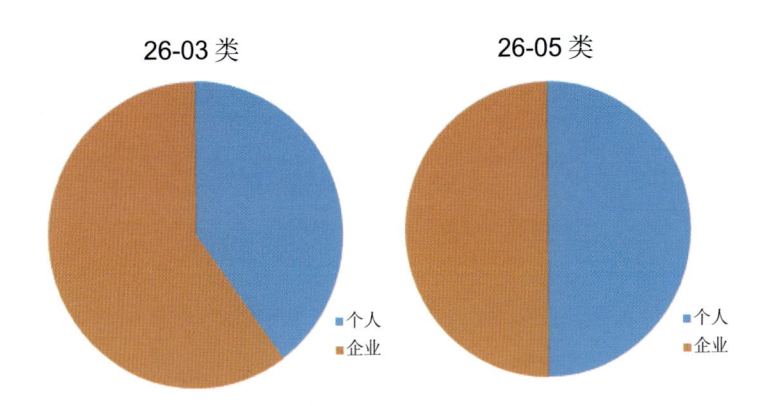

图 15　26-03 类和 26-05 类外观设计申请人类别比例

随着中国城市化建设进程的加快，城市广场、道路交通、家庭装饰、商城和写字楼都需要灯具的装饰，灯具类产品的外观设计专利申请量也在持续增长。近五年，中国26-05类申请中增长最快的是吊灯、吸顶灯、台灯、壁灯、落地灯以及灯罩配件等产品，这些数据从侧面反映出我国室内家装市场的强大需求和消费潜力。

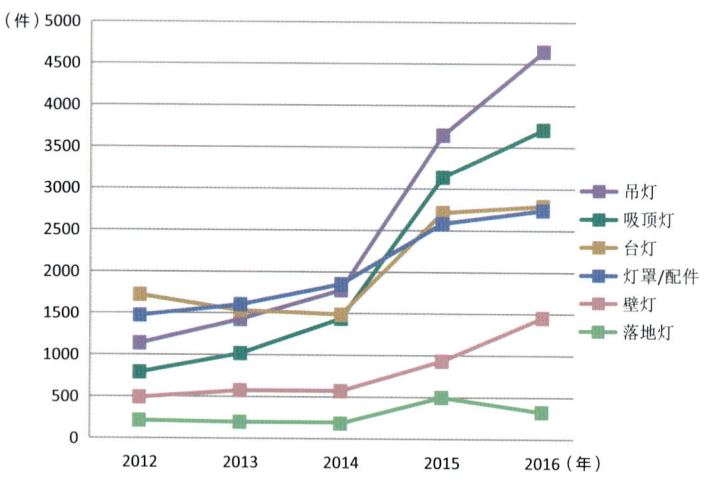

图16　2012—2016年中国26-05类外观设计专利主要类型产品申请趋势图

欧盟则略有上升。近两年，日本和韩国26-05类外观设计的授权量均呈下降趋势，2016年，日本26-05类外观设计的授权量下降幅度较大，跌幅达到了57.6%。与此同期的中国26-05类外观设计授权量则一直保持良好的稳步增长趋势。

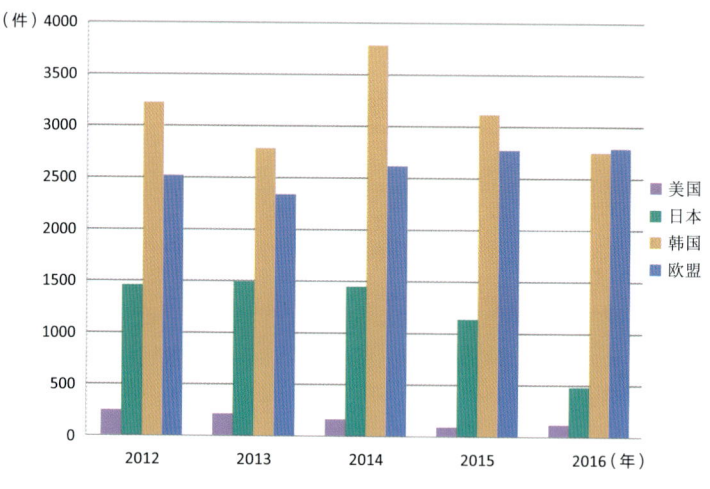

图17　2012—2016年美国、日本、韩国和欧盟知识产权局26-05类外观设计授权量

3. 灯具实用艺术品发展趋势

3.1 设计现状

随着现代照明技术的不断发展，对各种照明原理及其使用环境的研究日趋深入，新材料、新工艺、新科技被广泛运用到灯具设计中，灯具设计已经突破了以往单纯照明、亮化环境的传统理念，在设计时突出对照明环境的表现力

灯具类产品在全球主要国家或地区一直是外观设计保护的重要领域。以中国、美国、日本、韩国和欧盟知识产权局26-05类外观设计授权量来看，2012—2016年，美国年授权量在百位级，日本、韩国和欧盟在千位级，中国在万位级。近五年，美国26-05类外观设计授权量略有下降，

与装饰性。现代灯具以环境需求为出发点，力求创造出一种意境般的光照环境，以烘托场景效果，使人们感受到场景中的氛围。例如，为迎合人们返璞归真、崇尚自然的心理，设计师在设计灯具时采用各种木质的梅花、鱼尾、桃形等艺术雕塑作为造型，灯罩选材广泛采用纸质、木质、纱质，灯罩外面则雕有嫦娥奔月、仙女下凡等图案，整体灯具效果不亚于真正的工艺品。

目前，灯具实用艺术品外观设计主要有奢华、简约等流行风格。简约风格的灯具大多采用独特的材质加上个性化的设计，以塑造个性化的生活空间。这类灯具通常大量采用银色、银灰色的合金与纯白的 PVC 材料，能提供优质仿日光照明效果。在灯具设计上，简约风格的灯具以几何造型为多，方圆结合、线条简洁，散发出浓浓的工业味道，与现代简约的家居装修风格相搭配。近几年，随着家装风格的多元化，巴洛克式华丽、浪漫、奢华的水晶灯又卷土重来。在外观设计上，水晶灯具融合各种时尚前卫的概念，能让居室洋溢着浪漫气氛。水晶灯具的主要材料为水晶球或水晶片，一般采用人工水晶作为原料。（参见图 18）

此外，中式风格的灯具越来越受到消费者的喜爱。中式灯具主要集中在吸顶灯、吊灯、台灯和落地灯等装饰性灯具上，灯具在设计时常借鉴中国山水画、刺绣、剪纸等传统工艺中的图案元素，在传统器物的基础上进行创新。近年来，设计师在借鉴传统中式设计元素的基础上，提炼建筑、器物中的抽象元素，将其融入灯具设计中，使得产品既点缀了现代简约的家装风格，又营造了一定的意境。（参见图 19）

图 18　台灯和吊灯

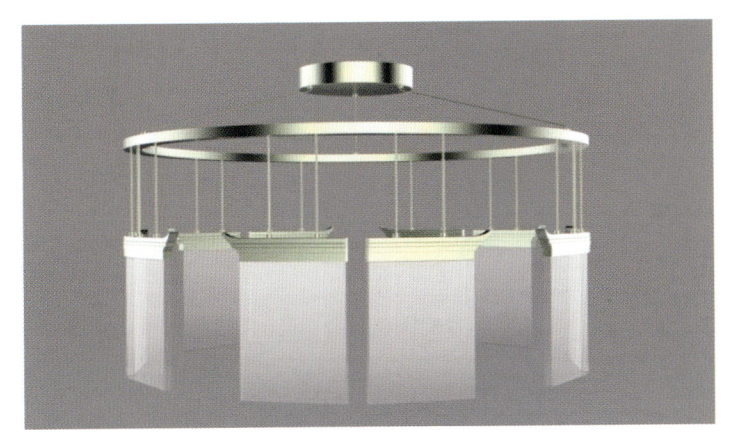

图 19　吊灯

3.2 发展趋势

从灯具设计的发展来看，达到实用艺术品高度的灯具设计主要有几个发展趋势：极简主义、科技派、工艺创新和新材料应用。

极简主义用极致简约的线条来表明光与影、光与色彩的关系，关注灯具所创造的光线上，通过暴露光源，光线成为主要特征，这样能够转换并生成多种形态。Bob 音乐台灯就采用了简单的立体几何拼接，打破传统台灯的设计语言，在设计时巧妙地通过光学原理，让光源直接从圆柱定向发光，让桌面达到足够的亮度；台灯的底座有音响设计，能让照明体验更轻松愉悦，符合现代人的新生活方式。产品集光、音、形于一体，不仅可以作为光源，也可以作为高端的艺术摆件。（参见图 20）

科技派力求打造未来光学产物，在灯具设计时采用高度抛光切割的工艺，或者金属真空的灯罩，亮灯时折射出美丽的光影。LINEX B 落地灯科技感、宇宙感、未来感十足，产品整体线条简单流畅，形态有机，富有生命力。灯头部分抽象的金属感弯月可以随意旋转和插拔，让灯实现灵活自由的 360° 照明，不同位置的发光弯月呈现出不同的美学状态，灯杆中间小音箱设计让照明的体验更丰富。搭配现代简约的家居空间和办公空间，LINEX B 落地灯既能给用户带来卓越的照明和音乐体验，也能点缀空间。（参见图 21）

图 20 Bob 音乐台灯

图 21 LINEX B 落地灯

近年来，传统工艺在灯具设计中被创新使用，创新也意味着对过去的致敬。吊灯（清泉）以独特的水纹玻璃作为主灯罩，表达出水的柔和并营造出若虚若实的景观效果；灯具内部逼真的翻砂铜花枝搭配中式传统的陶瓷花营造出精致的自然形态。亮灯时通过顶部射灯把花打亮，光线透过水纹玻璃形成若虚若实的光线，从光效角度营造禅心如水生花的境界。（参见图22）

科技发展为灯具设计带来无限的可能，引发了新材料的尝试和应用。吊灯（曲跃）采用异材质结合的方式，压克力清透质感，提升了居家空间穿透性。通过使用新材料，吊灯以周庄双桥为引，将水影之姿，借以光线点亮四方空间，以一种极富诗意的方式演绎了中国古典文化，结构虽简，意境丰富，无论是在中式或西式空间里均能散发现代简约气质。（参见图23）

图22　吊灯（清泉）

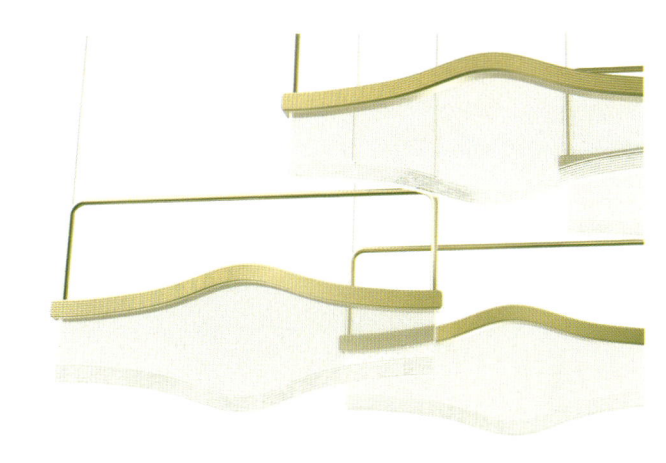

图23　吊灯（曲跃）

灯具案例

【专利号】ZL201430546119.X

【产品名称】木纹灯

【专利权人】欧普照明股份有限公司

【设计人】潘旼

【产品介绍】该产品是一款带有USB充电功能的触摸控制床头灯，设计初衷是希望能够为用户提供一款能够简便操作，具有实用功能，并且造型亲和、物廉价美的床头灯。

【点评】该产品适用于卧室床头的使用情境，通过导光板与侧打光的方式，将点光源转化为面出光，以便获得均匀的、柔和的垂直照度。形态简单，材质素朴，兼具现代感与温馨气息，可很好地融入家居室内环境。

○唐林涛

（清华大学美术学院）

【专利号】ZL201430546111.3

【产品名称】音乐唤醒灯

【专利权人】欧普照明股份有限公司

【设计人】潘旼　张正华

【产品介绍】人体内褪黑素的分泌可以由特定的光谱调控，褪黑素可以影响人体的生理节律。该产品利用睡眠光谱以及唤醒光的有效运用，可以有效通过褪黑素改善睡眠功能。

【获奖情况】第十八届中国外观设计优秀奖、中国国际照明灯具设计大赛一等奖。

【点评】该产品关注健康照明，即通过色温与照度的自动变化，刺激人体内不同腺体的激素分泌，从而实现人体节律的健康调节。产品造型可爱，语义清晰，亲近人；操作简单，易用性好；侧打光技术，出光均匀。

○唐林涛

（清华大学美术学院）

【专利号】ZL201530147165.7
【产品名称】六边形组合吊灯
【专利权人】欧普照明股份有限公司
【设计人】于玉亭
【产品介绍】设计灵感源于雪花的六边形结晶形态，采用光学导光板激光雕刻点阵导光，发光效果呈现晶莹剔透的效果；六边形模块好处在于无缝连续的拼接组合实现整体的发光效果，大小可以根据空间大小来定制，发光方面加入智能控制系统可以带来有趣的多彩发光效果。
【点评】该产品采用模块化的设计思想，以六边形作为基本单元，依据实际空间大小，通过组合拼接来实现吊灯照明效果，适用于家居、餐厅、酒店等各种室内环境。侧打光技术使得该产品形体纤薄，导光板晶莹剔透，可上下出光，再辅之以智能控制系统，该产品可呈现出丰富的光学效果。灵活、高效率、丰富的出光效果是该产品的主要特色。

○唐林涛
（清华大学美术学院）

【专利号】ZL201630396824.5
【产品名称】LED 台灯（4）
【专利权人】吕庆坚
【设计人】吕庆坚
【产品介绍】设计师以铬色勾勒出玉轮形象，以水晶点缀其中，似天空中的星星般闪烁。本产品用于室内照明灯具，特有的三段调光功能不仅能给居家环境带来光亮，更能营造温馨的光环境，满足人们对不同光强度的需求，格调瞬间提升。
【点评】双环的造型营造的圆月意象为该产品的主要特色。环的内部发光，垂直照度高，可适用于较大的室内空间渲染气氛。双环错落，形成的正、负空间相互衬托、映衬，变化丰富，意境天然。

○唐林涛

（清华大学美术学院）

【专利号】ZL201530400287.2

【产品名称】吊灯 (8101)

【专利权人】中山市聚美灯饰照明有限公司

【设计人】王敏

【产品介绍】该产品灵感来源于"石榴花"的花瓣,该产品将鲜艳饱满的花瓣化身为简洁干练的线条,瞬间将印象中繁杂的花灯极简化。"浮花"像石榴花一样,拥有360°相同视角,实现了360°环绕发光功能。

【获奖情况】中国照明奖中奖优秀产品奖

【点评】该产品巧妙运用"带状灯"来勾勒盛开花朵的立体轮廓,基本造型元素简单,但视觉呈现饱满丰富,能给人以张力感。翻折的灯带360°环绕照明出光,使光照效果呈现多面性,通过其曲线延伸及复杂的视觉透叠能营造室内富于装饰特色的光环境。

○唐林涛

(清华大学美术学院)

【专利号】ZL201430179417.X

【产品名称】花瓣吊线灯（ML8041）

【专利权人】王敏

【设计人】王敏

【产品介绍】设计理念来源于日月同辉的自然现象，灯身上半部分设计如太阳光芒般照耀，下半部分圆环设计如同圆月，日月齐辉，闪耀无比，通过黑白对比色彩运用，相得益彰，大气简约，带给居家不同的意境。

【点评】纵向叠放的双环造型营造的日月同辉意象为该产品的主要特色。月环反向向上投射照明，而自成为"影"；日环则巧妙地设计成向外翻起的放射状反光板，反射并扩散，形成连续、均匀的照明，从而使室内明亮又柔和舒适，其双环错落，形成的一明一暗，一黑一白，相映成趣。

○唐林涛

（清华大学美术学院）

【专利号】ZL201330398045.5
【产品名称】灯（13003023）
【专利权人】中山市琪朗灯饰厂有限公司
【设计人】袁仕强
【产品介绍】追溯生命的源头，万物都以最初的形态成长着。听着大自然的召唤，小小的蛋壳中布满了玲珑剔透的源泉，散发出浓郁的生命气息，跟随生长的步调，谱成了生命最初的希望。
【点评】该产品为垂直吊挂式照明灯具，挂线及灯壳按照一定秩序排列形成简约流畅的螺旋曲线，其具有舒适的韵律感，透明蛋形灯壳包裹的灯球较为生趣，置于层高较高的室内空间可以很好地作为纵向垂落的布景，成为视觉中心。

○唐林涛
（清华大学美术学院）

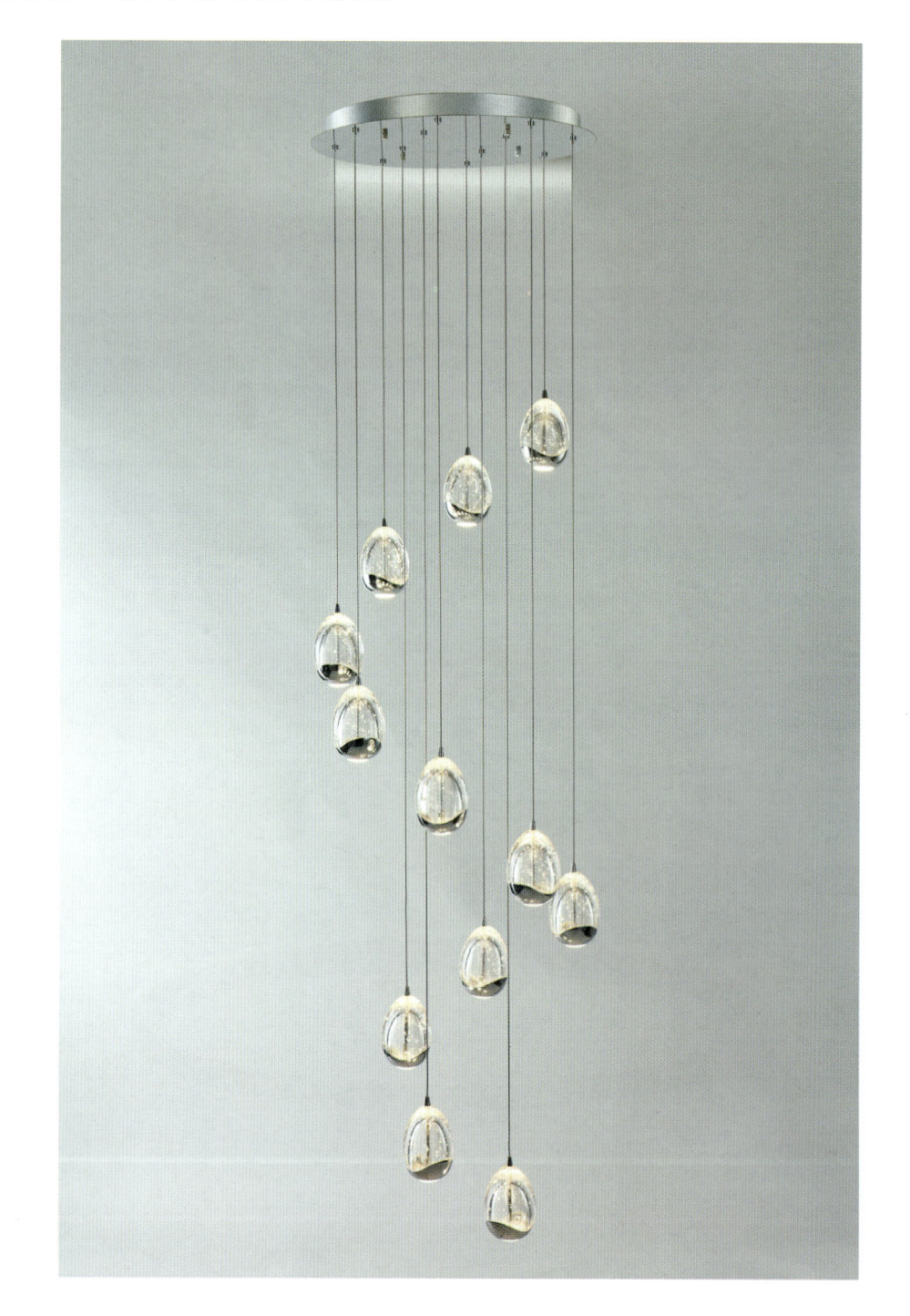

【专利号】ZL201730135500.0

【产品名称】灯（Q161006）

【专利权人】中山市琪朗灯饰厂有限公司

【设计人】袁仕强

【产品介绍】"鱼跃龙门，过而为龙，唯鲤或然。"以鱼飞跃之姿为形，龙腾为意，赋予此灯最美好的内涵。

【点评】该产品灯饰细节以鲤鱼跳龙门的传统典故作为造型寓意，具有"型必有意，意必吉祥"的特点。各灯支呈现向心聚拢的趋势，使得整体灯具形态饱满丰富，如含苞欲放之花蕊，其材质间的拼接与冲突感别有趣味。

○唐林涛

（清华大学美术学院）

【专利号】ZL201730377871.X

【产品名称】吊灯（Q161204）

【专利权人】中山市琪朗灯饰厂有限公司

【设计人】袁仕强

【产品介绍】设计灵感源于地球仪的形态，通过极其简洁的经纬线条，环形的可调节结构，来重新构造世界的空间形态，充分地展现设计美学的奥秘。

【点评】此产品为垂直吊挂灯具，以三组灯饰纵向排列，如同水滴下落富有秩序和形式感。同时每个灯饰以三个玉珏形灯环悬空套合，巧妙地体现了若即若离、虚实相间的空间形态。

○唐林涛

（清华大学美术学院）

【专利号】ZL201730358231.4
【产品名称】落地灯（致越）
【专利权人】中山市松伟照明电器有限公司
【设计人】谢伟
【产品介绍】以流程的线条链接着两个阶梯，致越，不退转的人生，如阶梯一般，一步步往上攀爬。线条圆润却不失力量的枝干承托起质感十足的圆盘，犹如人生道路的每一个进步，都需要坚持不懈的努力过程，一如中华民族传统文化中传承的精神一般。
【点评】该产品作为落地灯，具有款式简洁明畅的特点，笔直支架与圆形灯盘的结合产生圆润与硬朗的对比效果，勾勒出灯具的线条感，同时也能对室内纵向空间进行功能切分，其托盘可置物，两个灯盘的高低错落不仅扩大了室内照明范围，渲染氛围，也体现了丰富的空间设计。

○唐林涛
（清华大学美术学院）

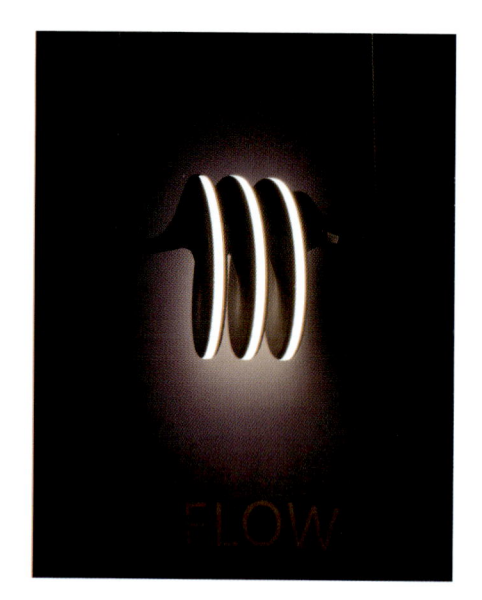

【专利号】ZL201430364405.4

【产品名称】灯（3004S3）

【专利权人】徐旭峰

【设计人】徐旭峰

【产品介绍】由自然螺旋形式的启发，创建一个模块化的照明系统，可以无限乘以其组件的数量和产生光的复杂的旋涡。

【获奖情况】中国家具设计金点奖之2017金点单品奖

【点评】该产品采用螺旋式结构设计，表面起伏与拼接巧妙，主体加之两端线缆有"溜溜球"的趣味感，切面360°出光，垂直照度较强，螺旋切面线条利落，对比强烈，给人光影错落的动感，模块化组合可排列产生不同复杂形态，其可变性强，便于灵活运用于不同的场景空间。

○唐林涛

（清华大学美术学院）

【专利号】ZL201530551952.8
【产品名称】LED 灯（6161S）
【专利权人】徐旭峰
【设计人】夏忠平
【产品介绍】设计灵感源于"宙斯的光环"，光环上连接着如几何形态的灯臂，打破常规，体现出精湛的工艺和高超的重心设计技术，利落的线条，精致巧妙的细节。
【获奖情况】第五届中国国际照明灯具设计大赛二等奖
【点评】合理巧妙的重心设计是该灯具产品的特点，支点设计恰到好处，无过多复杂结构装饰，线条利落干净，灯光照度均匀，大胆的几何线体构成简洁明快，没有夸张怪异的造型，简约而优雅，适于现代化的室内空间布景。

○唐林涛
（清华大学美术学院）

【专利号】ZL201630456269.0

【产品名称】壁灯（转动型）

【专利权人】中山新特丽照明电器有限公司

【设计人】孙跃

【产品介绍】设计灵感来源于儿时对武侠梦的憧憬，化繁为简，简约中带有灵动的艺术。

【点评】该产品为可进行多样组合的线形照明壁挂灯，其点、线构成的自由组合，加之墙面背光反射与灯源间的光影对比，既可以形成独特的墙面肌理，又可以使空间的立面层次更丰富。该产品水平照度及色温相对较低，能够很好地呈现室内艺术化的晕染装饰效果。

○唐林涛

（清华大学美术学院）

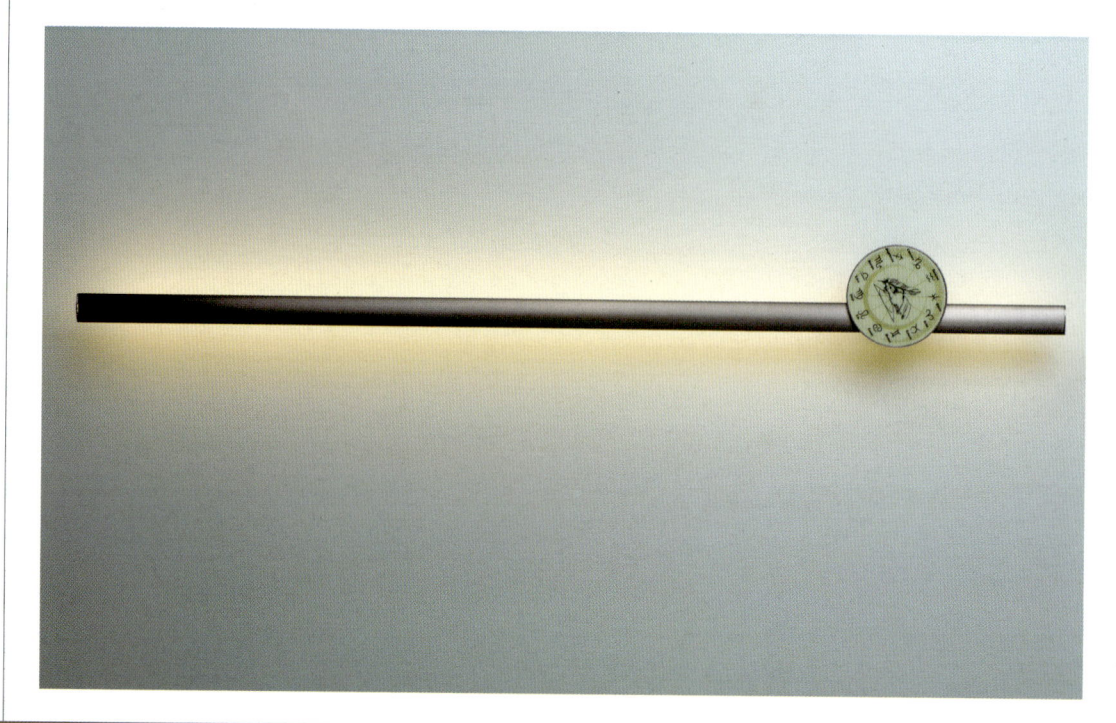

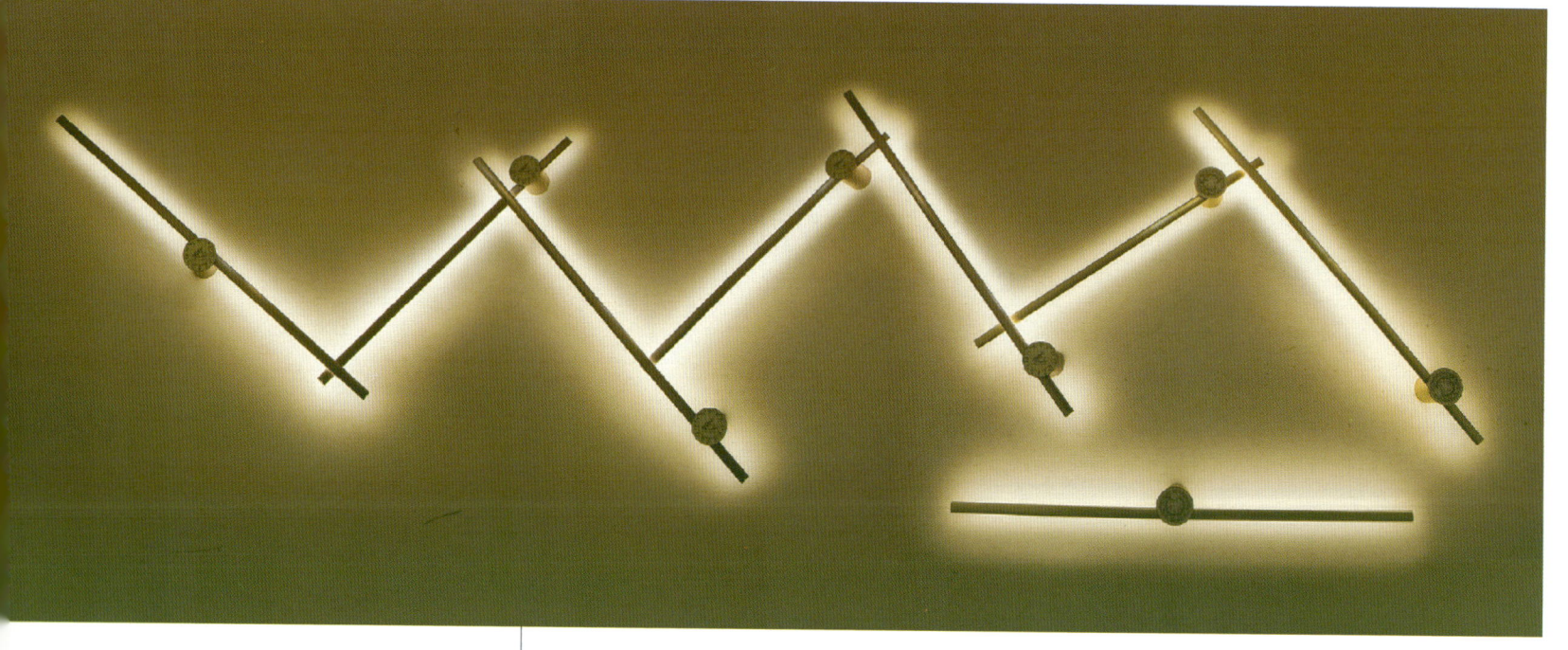

【专利号】ZL201730456635.7
【产品名称】吊灯灯体（BULB 系列单个）
【专利权人】中山新特丽照明电器有限公司
【设计人】孙跃
【产品介绍】它像是一个由很多传统灯泡中放大版的钨丝圈，整体接近一个球状，中间一圈最宽，上下两头的圈最小。每个细节都在诠释着"什么是极简"：细长的悬线，简单的黑色，单一旋转的灯罩。
【点评】可根据空间需求组合形成垂直空间吊挂灯，也可装上灯座作为壁挂灯使用，其单体组合方式灵活多变。该产品的特点在于环绕的墨色线圈与灯泡形成的光影视觉冲突感，较好地诠释了黑白的现代工业风，能够在简约风格装饰的空间里给出较好的视觉呈现。

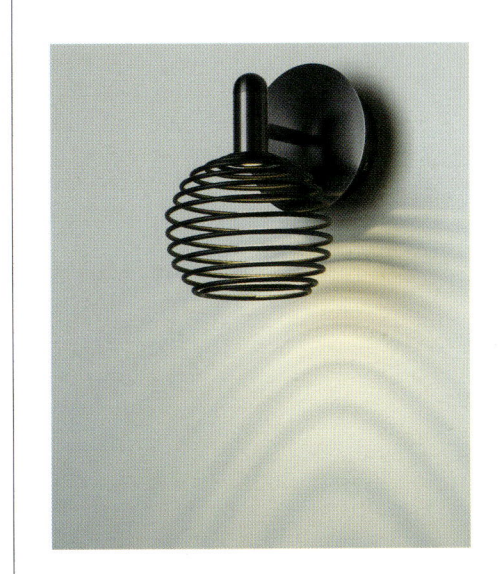

○唐林涛
（清华大学美术学院）

【专利号】ZL201630192935.4
【产品名称】吊灯（音乐变焦）
【专利权人】广东凯西欧照明有限公司
【设计人】吴育林　梁明
【产品介绍】本专利产品内置全频钕铁硼内磁喇叭，和灯具融为一体，用户可以通过智能手机进行无线控制，包括改变灯光颜色、控制歌曲播放等。采用了仿生设计学，其设计灵感来自于含苞欲放的花朵，寓意着生命的蓬勃。整体主色调为白色，其他配色也采用马卡龙色系，加上花瓣似的弧形线条设计，不但改变了一成不变的吊灯造型，而且改变了人们对传统工业设计的印象。

【点评】此产品为一款智能手机可控的情感趣味化照明灯具。其形态取自喇叭花花朵的外形，产品轮廓用线流畅生动，灯头切面如水波纹，整体造型语言清晰、明快，无冗余结构，手机可对其进行光色及音乐的灵活调控，给人营造的视觉及听觉的感官变化享受可以丰富人们的居家生活体验。

○唐林涛
（清华大学美术学院）

130　设计之美——实用艺术品外观设计专利案例集

【专利号】ZL201630091475.6

【产品名称】台灯

【专利权人】北京小米移动软件有限公司

【设计人】任媛媛　李宁宁

【产品介绍】设计者希望通过人造光营造自然光的效果，并比自然光增加了更多人为可控的条件，帮助人们创造属于自己的最适宜的照明环境。在任何色温和亮度下都无频闪，全铝的灯臂带来了更好的散热，可连接手机 App 进行多种模式选择。

【获奖情况】2017 年 iF 设计奖；2017 年红点设计大奖；2016 年 G-mark/ Good Design Award 设计奖

【点评】该产品立柱和灯臂采用全铝材质，支架与灯体可 0～135° 调节，在不用的时候可以收起，非常节约空间，且中间链接部位采用全金属一字结构设计可有效延长使用寿命。其外观简洁明快，红色线缆具有点睛之意，很好地诠释了现代主义"少即是多"的设计观。该产品具备较宽的色温调节范围，可调节适合各类家居场景。

○唐林涛

（清华大学美术学院）

【专利号】ZL201830228837.0
　　　　　ZL201830227661.7
【产品名称】景观灯灯头（云梯）
　　　　　　景观灯灯杆（虞美人poppy）
【专利权人】盐城鼎盛照明科技有限公司
【设计人】刘永
【产品介绍】作品受老子"人法地、地法天、天法道、道法自然"道家美学观启发，提取自然界的生态美学元素，融入步道灯的设计之中。作品将LED的照明功能及装饰功能优雅地结合在一起，极大地增强了步道灯的景观表现效果。作品采用"一灯多用"的设计手法，即采用同样的灯具通过不同灯杆高度的步道灯巧妙组合诞生出景观灯及灯光小品，极大地降低了景观灯及灯光小品的制造成本，为景观灯及灯光小品提供了令人脑洞大开的设计思路。
【点评】灯杆头部的弯压设计巧妙地解决了直线立柱的呆板。不同朝向的叶面状灯头配合不同高度灯杆给人营造了丛生交错以及生长之势的动感。"一灯多用"及LED照明功能较大程度上解决了资源浪费的情况。

○唐林涛
（清华大学美术学院）

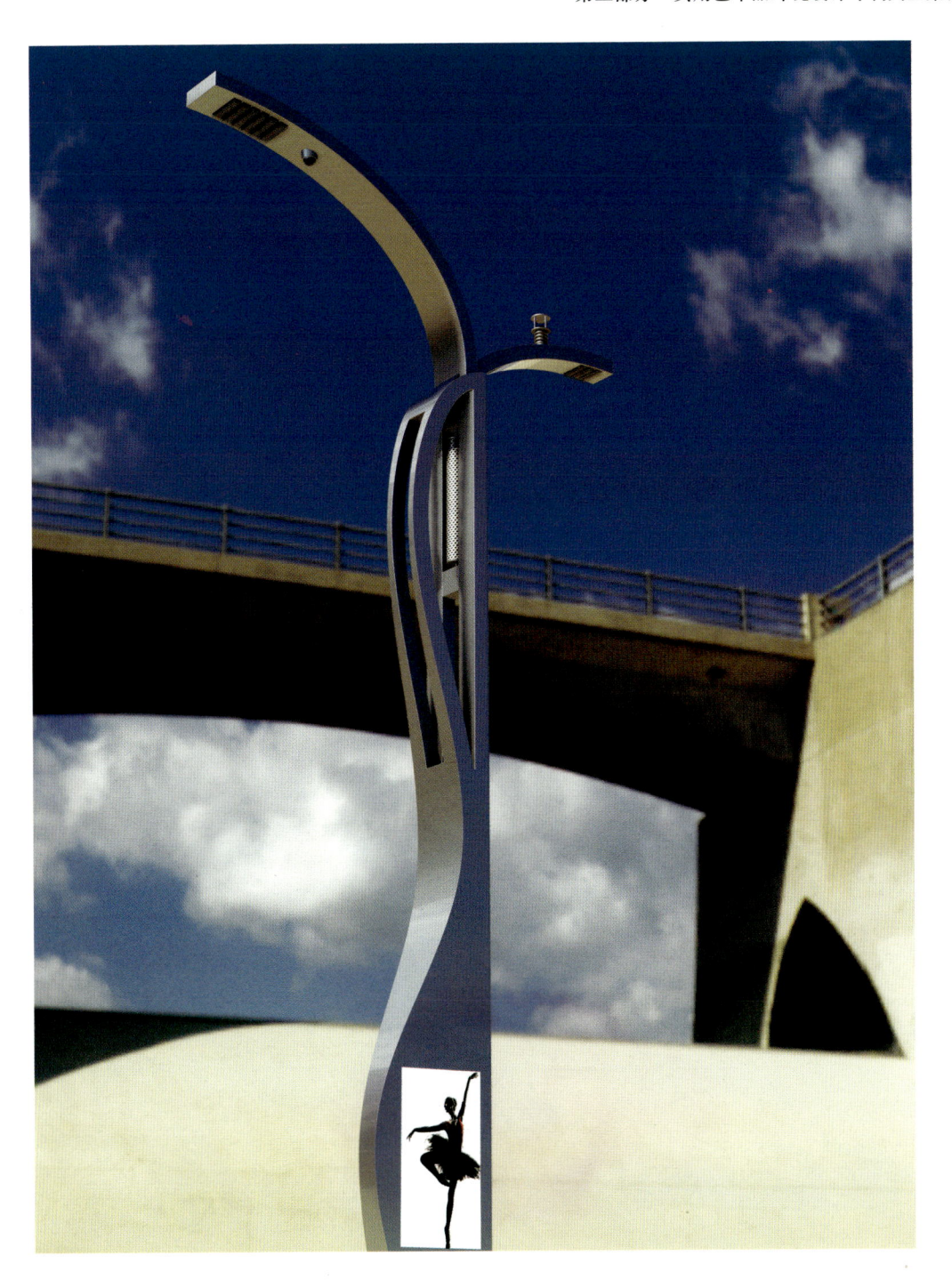

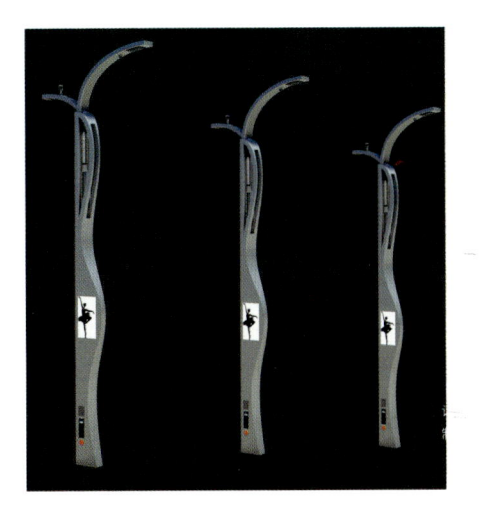

【专利号】ZL201830228797.X

【产品名称】路灯（贝拉 bella- 一体化智慧）

【专利权人】盐城鼎盛照明科技有限公司

【设计人】刘永

【产品介绍】作品受工业设计大师科拉尼"大自然的翻译者"设计理念启发，提取自然界的生态美学元素，融入一体化智慧路灯设计之中。作品通过空间结构与造型上的合理布局，将 5G 基站、Wi-Fi、环境监测、视频摄像头、广告显示屏、喇叭、充电桩套件与灯杆巧妙地融合在一体，可根据场景要求模块化安装，使路灯本身也成为城市道路景观中一个亮丽的景观元素。

【点评】该公共路灯造型独具一格，模块化设计及多功能网络化布局满足了智慧化城市建设的需求。

○唐林涛

（清华大学美术学院）

【专利号】ZL201830340702.3

【产品名称】灯头（路特斯 LOTUS）

【专利权人】江苏昊天龙集团有限公司

【设计人】吴俊

【产品介绍】作品受"天人合一"儒家美学观启发，提取自然界的生态美学元素，融入景观灯的设计之中。作品将步道灯设计成标准化的灯具，采用"一灯多用"的设计手法，即采用同样的灯具，通过不同灯杆造型来设计出符合场景的景观灯及路灯，灯具涂装的不同色彩也极大地丰富了景观灯及路灯的表现力，为路灯及景观灯的创新设计打开了巨大的想象空间。

【点评】该产品整体设计意欲师法自然，造型上仿生了含苞欲放的花朵，其模组化的设计可以根据不同公共空间环境的需求进行多样化组合及编排，向上的水滴形（朵状）灯头可以作为装饰之用，向下的扇叶形照明 LED 灯照度较强，可为路人提供明亮的街道照明。

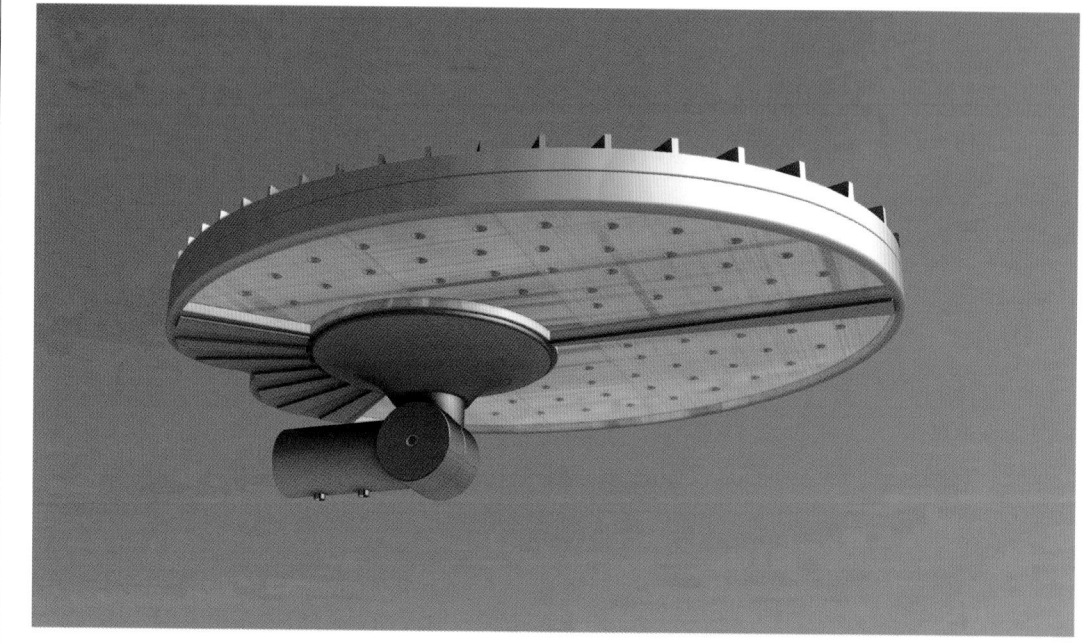

○唐林涛

（清华大学美术学院）

【专利号】ZL201730382051.X
【产品名称】音乐台灯（Bob）
【专利权人】深圳市思坎普科技有限公司
【设计人】伍铁军　郑贞铨
【产品介绍】Bob 音乐台灯设计简约、时尚、现代。采用简单的立体几何拼接，打破传统台灯的设计语言，集光、音、形于一体，可以作为高端的艺术摆件。通过巧妙的光学，让光源直接从圆柱定向发光，让桌面达到足够的亮度；且底座有音响设计，能让照明体验更轻松愉悦，符合现代人的新生活方式。
【点评】将音箱功能与照明功能整合在一起，是该产品的核心特征。造型语言以未来感、科技感为主要诉求，黑色与金属亮银色的对比，如外星事物。

○唐林涛

（清华大学美术学院）

【专利号】ZL201630214942.X
【产品名称】模块形落地灯
【专利权人】深圳市思坎普科技有限公司
【设计人】郑贞铨　卢峰　蒋建红　伍铁军
【产品介绍】LINEX B 落地灯科技感、宇宙感、未来感十足。产品整体线条简单流畅，形态有机，富有生命力。灯头部分抽象的金属感弯月可以随意旋转和插拔，让灯可以灵活自由实现360°照明，且发光弯月在不同位置时，有不同的美学状态。灯杆中间小音箱设计让照明的体验更丰富。适合搭配现代简约的家居空间和办公空间，既能给用户带来卓越的照明和音乐享受，也能点缀空间。
【点评】模块化的设计思路与装饰效果并重。模块可以360°旋转，可依据需求增加水平照度或垂直照度，直下照明或反射照明。

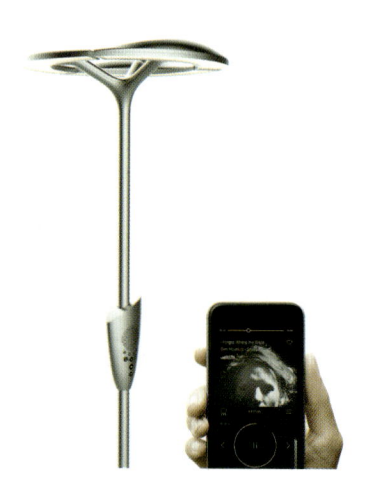

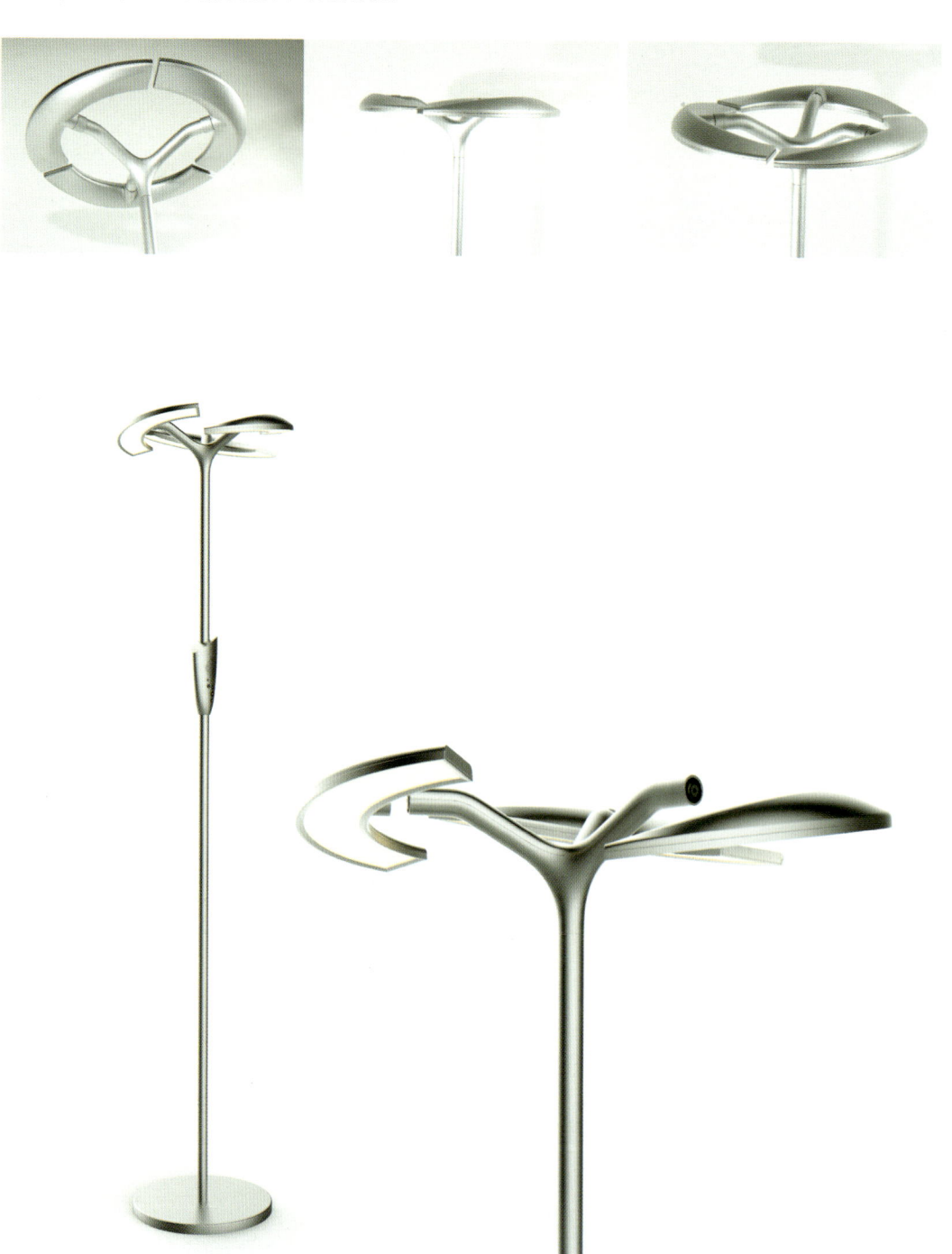

○唐林涛

（清华大学美术学院）

【专利号】ZL201330585955.4
【产品名称】LED 风光互补路灯（1）
【专利权人】蒋红斌　张运龙
【设计人】蒋红斌　张运龙
【产品介绍】利用自然风和阳光的能量，将其转换为路灯照明的电能，是未来节能技术的重要目标。本设计就是以风光互补为理念，配合 LED 新光源，提出的城市路灯照明系统。
【点评】该产品很好地体现了能源可持续化的设计理念，其整体形态流畅，有向上生长的膨胀张力感，极具现代化工业特色。柱体的旋转扇叶结构便于更好地收集风能，顶部可调节太阳能板汲取所需日照能源，用于辅助城市电力来提供照明，其 LED 灯头微微倾斜于水平面可以实现更加广度范围的照明，以用于城市较宽路道或城市广场等场所。

○唐林涛

（清华大学美术学院）

【专利号】ZL201330055999.6
【产品名称】道路华灯
【专利权人】蒋红斌　张运龙
【设计人】蒋红斌　张运龙
【产品介绍】延续中国人集体记忆的最庄严的路灯，无疑是北京长安街上的白玉兰华灯。运用现代材料技术、节能光源技术，在形式上依然保持着稳定华美的华灯神采，是当今许多城市主干道用灯的新诉求。此设计就是以此为定位，良好地把握和体现了这一道路主灯设计理念。

【点评】该产品对白玉兰花朵进行形态仿生提炼，灯头装饰线条运用利落，工艺细致，极具张力感，整体产生一种积极向上的"势"，其通体白色的设计意欲传达出庄严圣洁的语义。此灯具主要运用于特殊主干道照明，以满足精神形象的特殊诉求。

○唐林涛

（清华大学美术学院）

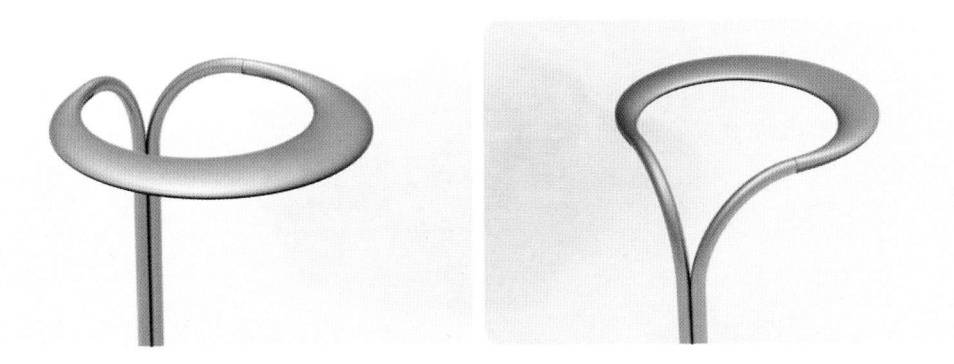

【专利号】ZL201030189010.7
【产品名称】LED 落地灯
【专利权人】勤上光电股份有限公司
【设计人】唐林涛
【产品介绍】落地灯灵感来源于教堂穹顶的拱形支撑结构，兼具功能照明和辅助照明功能。双灯头，一个向下做集中功能照明，一个向上做辅助环境照明。
【点评】该产品合理运用教堂穹顶拱形支撑结构，双灯头的设计可以更好地为室内环境提供照明，向下的垂直集中照明可满足阅读等需求，向上的照明辅助室内照明之用。整体设计简洁，双灯头错落有序，将室内空间进行了功能化切分，且灯头与支干连接顺畅，简洁利落，有自然生长之势，其结构及工艺处理较优。

○唐林涛
（清华大学美术学院）

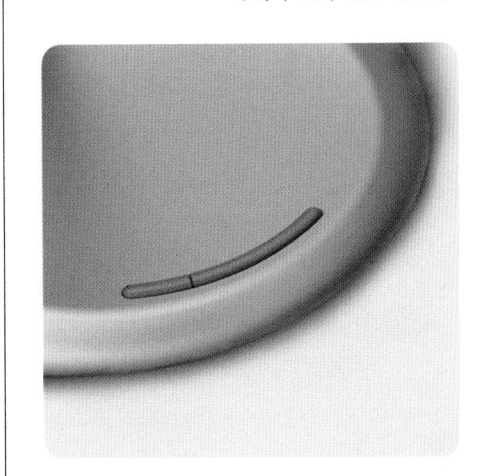

【专利号】ZL201830271713.0

【产品名称】灯饰配件（檐）

【专利权人】肖宇

【设计人】肖宇

【产品介绍】江南烟雨的朦胧建筑，用徽派建筑的色调，典型的屋檐造型，光线的渐变体现朦胧感，描绘一幅美景。亚克力导光，激光打点，使光线更明亮。由于光的传导性，会有渐变的层次。整灯有多个一样的单体构成，上下错落，营造一种层次感，会有一定的空间感。

【点评】整体灯具设计体现了徽派文化的建筑造型特征，两种材质拼接的运用凸显传统与现代的结合，亚克力导光板使光面与边缘产生光反差，加之光板间的透叠能产生丰富的光照层次效果，是一款适合大型室内空间装饰的工程吊灯。

○唐林涛

（清华大学美术学院）

【专利号】ZL201830293138.4
【产品名称】吊灯（清泉）
【专利权人】肖宇
【设计人】肖宇
【产品介绍】禅如菩提，如水般广阔而平静；禅心如水生花，一尘不染。《清泉》把"禅"作具象化解读，以现代简洁的手法及抽象的自然元素表现禅的境界。以独特的水纹玻璃作为主灯罩，表达水的柔和并营造若虚若实的景观效果；以逼真的翻砂铜花枝搭配中式传统的陶瓷花营造精致的自然形态；通过顶部射灯把花打亮，光线透过水纹玻璃形成若虚若实的光线，真正从光效角度营造禅意效果；通过单头、三头、多头组合可应用于餐厅、巴台、楼梯等各种场景。
【点评】设计者通过光与"物"的交互关系营造了"禅"的意境。其顶部投射灯提供垂直向下的集中照明，灯体则由水纹玻璃、翻砂铜花枝、陶瓷花等不同材质构成，它们对光的反射及折射效率相异，因此能产生若虚若实的光影效果，韵味十足，该产品可以作为室内布景空间使用，烘托氛围，表达具有现代性的文人情趣。

○唐林涛
（清华大学美术学院）

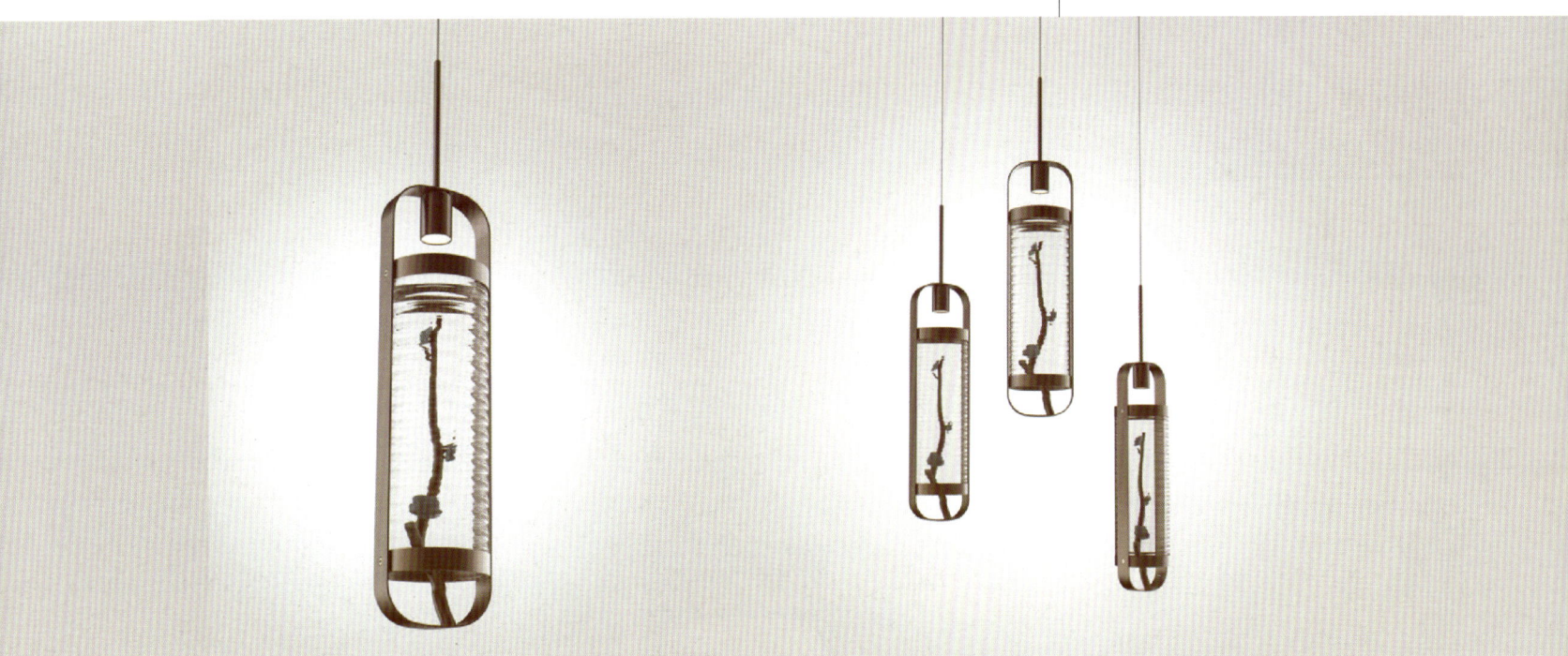

【专利号】ZL201830507462.1
【产品名称】吊灯（曲跃）
【专利权人】肖宇
【设计人】肖宇
【产品介绍】以周庄双桥为引，将水影之美姿，借以光线点亮四方空间，无论是东式或西式空间，均能散发现代简约气质。
【点评】该产品整体设计简洁利落，其提炼了周庄双桥的意向形态，上部提供向下的垂直照明，下部亚克力板形成较清晰的侧边缘光照轮廓，亮灯即能呈现"桥在水中影"的视觉效果。

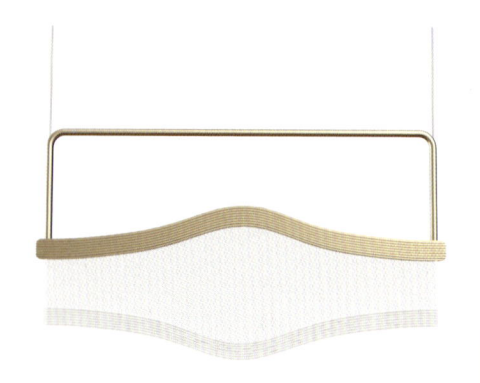

○唐林涛
（清华大学美术学院）

第三章　装饰品类实用艺术品

1. 装饰品简介

装饰品是可以起到修饰美化作用的物品，一般用途包括美化个人仪表、装点居室、美化公共环境等。具有较强的装饰性是这类产品的主要特点，相对于那些对功能性要求较高的产品领域而言，装饰品类产品的整体艺术性明显更高。现实中大量的装饰品都是兼具实用性和艺术性的典型实用艺术品。

1.1 装饰品的分类

本书从产品的具体用途和使用场所上将装饰类产品分为珠宝配饰、工艺品、工艺百货。

珠宝配饰产品包括项链、吊坠、耳环、戒指、发夹、发箍、手链、手串、手镯、胸针、丝巾扣、领带夹、脚链等，通常来说主要用于装饰人体，可也彰显个人风格。一些著名品牌或高价值的产品也兼具表现社会地位、显示财富的意义。有的贵金属、珍贵珠宝制成的珠宝配饰产品还具有投资、收藏价值。制造珠宝配饰的材料很丰富，包括黄金、铂金、银等贵金属，钻石、珍珠、翡翠玉石等珍贵珠宝，以及合金、陶瓷、树脂等人造材料。装饰品在国际外观设计分类表中主要为11-01类产品。

工艺品包括风水摆件、民间特色工艺品、雕刻工艺品、瓷器、壁挂、铁艺等产品，是通过手工或机器将原材料或半成品加工成的有装饰性和艺术价值的产品，产品用途有用于观赏、装饰环境、收藏等。其产品在国际外观设计分类表中主要为11-02类产品，也包括07-01类的一些瓷器、玻璃器皿等。

工艺百货是指既可日常使用、具有普通百货的使用价值，同时也具有较强装饰性和艺术价值的百货产品，如有较高装饰性和观赏价值的茶具、餐具等。其产品在国际外观设计分类表中主要为07-01类的餐饮用具，也包括零散分布在其他分类中的百货产品。

1.2 装饰品的设计风格

装饰品的设计风格有很多种，划分方式也不尽相同，结合外观设计专利的现状，可以将装饰品从设计风格上大致划分为传统设计和现代设计两大类型。在外观设计专利中，这两种设计风格的产品所占比例没有明显区别。

1.2.1 传统设计

传统风格是指具有历史文化特色的风格，在我国外观设计专利中，传统风格主要是指中式风格，传统设计也主要是那些以中国传统文化为主要设计元素的设计。（参见图1至图6）

图 1❶ 屏风摆件
ZL201430101211.5

图 2 苗绣壁挂
ZL20153021044.7

图 3 工艺品
ZL20153032034.8

图 4 摆件
ZL201630273487.0

图 5 项圈
ZL201630458911.9

图 6 项链
ZL201430307898.8

1.2.2 现代设计

现代设计即采用现代主义风格的设计,主要是指以现代文化、艺术为主要设计元素的设计。(参见图 7 至图 11)

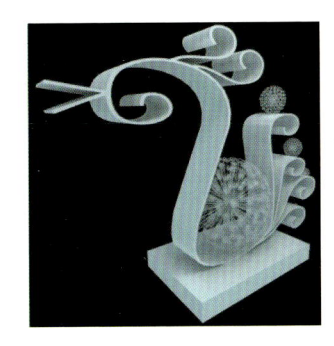

图 7 摆件
ZL201430493046.2

图 8 工艺品
ZL201630330815.6

图 9 手镯
ZL201530297961.9

图 10 戒指
ZL201430276954.6

图 11 吊坠
ZL201730177679.6

1.3 装饰品常见设计题材

装饰品类产品的设计题材非常丰富,可谓包罗万象,即使是针对同一题材的设计也存在非常大的设计空间,例如花卉题材的设计,不仅花卉的品种有很多种选择,针对同一品种的花卉在具体的产品形状、图案等方面还可以进行多样化

---

❶ 图 1 至图 47 来源:中国外观设计专利公告库,最后访问日期:2018 年 9 月 29 日。

的设计，表现形式和设计风格上也有诸多不同，可以是较为写实的，也可以是抽象、写意的，有的充满现代感，有的则是蕴含传统美、民族风。

常见的设计题材包括花卉、动物、人物、文化元素、风景、建筑、卡通、抽象等。

1.3.1 花卉

在装饰品类产品中，比较常见的花卉题材有牡丹花、菊花、荷花、梅花、兰花、郁金香、玫瑰花、扶桑花等。花卉的寓意通常被设计师借用来通过产品表达一些美好期望和情感诉求，比如在中国文化传统里面牡丹代表着富贵，在西方文化中玫瑰可以象征爱情。在饰品类产品中，有大量的花卉题材的设计，在工艺品和工艺百货设计上常采用花卉作为图案，而珠宝配饰则较多的是在形状上引入花卉造型。（参见图12至图17）

图12 陶瓷花瓶
ZL201630356099.9

图13 花瓶
ZL201430283228.7

图14 台屏
ZL201630153244.3

图15 项链
ZL201530233424.8

图16 插梳
ZL201530072212.6

图17 手镯
ZL201430282683.5

1.3.2 动物

动物题材的设计在装饰品类产品中也较为常见，较多采用的动物包括禽类如喜鹊、鸳鸯、孔雀，昆虫如蝴蝶、蜻蜓、瓢虫，哺乳动物如大象、马、鹿、牛、狗、猫，水生动物如鱼、海豚等。还有中国传统中的十二生肖动物，也是装饰类产品中较为常见的动物素材。有的设计中引入的动物元素非常逼真，也有的设计则更加写意或者抽象。（参见图18至图23）

1.3.3 人物

装饰品中以人物为题材的主要是工艺品类产品，工艺百货中也有少量设计采用人物题材，而珠宝配饰中采用人物题材的则很少见。在外观设计专利中，采用人物题材的工艺品主要为桌面摆件，以人物为造型的设计略多于以人物为图案的设计。（参见图24至图27）

图18　家居摆饰　ZL201430172983.8

图19　摆件　ZL201530408821.4

图20　陶瓷摆饰　ZL201630356116.9

图21　陶瓷奖杯　ZL201530196414.1

图22　陈设品　ZL201530335045.X

图23　吊坠　ZL201530173842.2

图24　工艺品　ZL201430110150.9

图25　摆件　ZL201630150825.1

图26　摆件　ZL201630173708.7

图27　工艺品　ZL201630433134.2

1.3.4 文化元素

在装饰品类产品中，有大量以文化元素为题材的设计，尤其是工艺品类产品。这些文化元素包括节庆、宗教、传统文化、民俗等。

节庆文化元素既包括中国的节庆文化，例如春节文化产品窗花、挂饰、花灯等，也包括西方节庆如圣诞节、情人节、万圣节、复活节等，而且随着近些年人们对于西方节庆活动的参与度不断提高，相应的节庆题材装饰品设计也越来越多。（参见图28至图30）

图28 挂饰
ZL201630562881.6

图29 摆件
ZL201630332691.5

图30 摆饰
ZL201530228242.1

图31 吊坠
ZL201530335660.0

佛教是我国四大宗教之一，装饰品中的宗教元素主要体现在对佛教元素的使用，例如弥勒佛、菩萨、和尚等形象。宗教元素在工艺品中主要出现在桌面摆饰产品上，在珠宝配饰产品中常见于吊坠。（参见图31）

我国传统文化和民俗元素常见的有婚嫁习俗相关元素，例如双喜图案；一些民间传统中的吉祥物，例如龙、凤、麒麟、貔貅等；含有祈福寓意的题材元素，例如如意、仙鹤、寿桃、财神等。（参见图32至图36）

图32 手镯
ZL201430258103.9

图33 银壶摆件
ZL201530430216.7

1.3.5 风景

风景题材主要在工艺品和工艺百货中采用,例如作为花瓶和餐具的图案,或者是用于桌面摆放的工艺品的造型,在珠宝配饰中几乎没有。(参见图37至图39)

图34 工艺品 ZL201630259615.6

图35 摆件 ZL201630126424.2

图36 摆件 ZL201630191078.6

图37 陶艺盘 ZL201630254748.4

图38 花瓶 ZL201430525273.9

图39 工艺品 ZL201530081848.7

1.3.6 建筑

和风景题材情况类似，建筑题材主要在工艺品和工艺百货中采用，最常见的是用于桌面摆放的工艺品的造型，在珠宝配饰中几乎没有。（参见图40、图41）

图40　工艺品
ZL201530510294.8

图41　木制摆设
ZL201530126053.3

1.3.7 卡通

卡通题材在各种装饰品中均可见，例如在珠宝配饰中有采用卡通造型的吊坠，在工艺品中有各种公仔产品等。（参见图42至图44）

图42　吊坠
ZL201630000537.8

图43　摆件
ZL201430541444.7

图44　摆件
ZL201630523771.9

图45　花盆
ZL201530020221.0

1.3.8 抽象

抽象题材是一个比较宽泛的题材类型，其内容可以包括一些几何元素、不规则图形、抽象造型等，应用的产品类型也很广泛，珠宝配饰、工艺品、工艺百货中都有较多采用抽象题材的设计。（参见图45至图47）

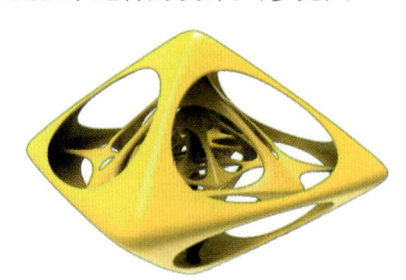

图46　摆件
ZL201530193130.7

图47　耳钉
ZL201330030405.6

2. 装饰品类外观设计专利数据分析

我国是装饰品类产品的生产大国，装饰品的外观设计专利数量也非常庞大。其中，仅在2011年至2015年的

"十二五"期间，11-01 类的珠宝配饰类产品的五年申请总量就达到了约 2.5 万件，11-02 类装饰品更是高达约 8.8 万件。从申请人国内外构成情况看，绝大部分专利由国内申请人提交，外国申请人在总申请量中占不到百分之三。

从产品设计情况来看，装饰品类产品中属于实用艺术品的产品比重也比较大，大部分的装饰类产品均属于实用艺术品。国内申请人所占比重较高，也使得具有外观设计专利的装饰品类产品中有很多具有明显的中国特色。

2.1 申请量

从外观设计专利历年申请量看，以 11-02 类产品为例，装饰品类的外观设计专利申请截至 2016 年，连续七年的年申请量在 1 万件以上，2016 年的年申请量已增长到近两万件，2016 年的年申请量是十年前的 2.48 倍。

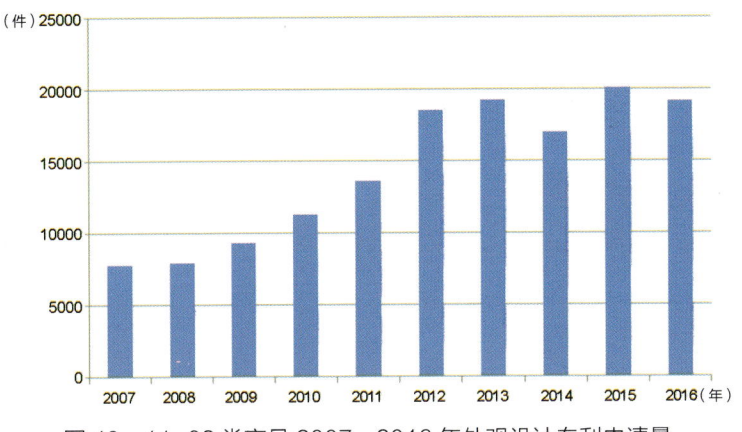

图 48　11-02 类产品 2007—2016 年外观设计专利申请量

其中又以 2012 年和 2013 年增长最为明显，仅在 2014 年的申请总量出现明显滑落，但总量仍保持在 1.6 万件以上，到了 2015 年又超过了 2013 年的申请量。

图 49 对比了江苏、浙江、广东三个装饰品产业较集中、专利申请量大的省份数据。浙江省和广东省的历年 11-02 类产品的申请量比较接近，而江苏省的历年申请量则一直明显高于其余两省。十年间，仅在 2014 年出现了浙江省和江苏省申请量较为明显的下降、广东省增长缓慢的情况，其余各年三个省份均增长稳定。

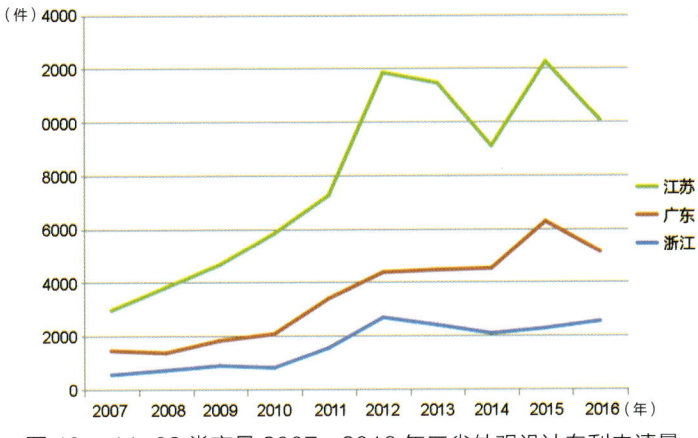

图 49　11-02 类产品 2007—2016 年三省外观设计专利申请量

2.2 申请人与设计人

近十年（2007—2016 年）11-02 类装饰品的外观设计专利申请人和设计人基本保持同步增长，2016 年申请人数量已是 10 年前的 3 倍多，设计人的数量也达到了 10 年前的 3 倍。这从一个侧面说明我国装饰品行业的稳步发展，设计人才的不断充实。

图50　11-02类产品2007—2016年申请人、设计人数量

2007—2016年11-02类装饰品的外观设计专利申请量排名前10名的申请人中，9个为企业、10个为个人，个人申请略多于企业。

表1　11-02类产品2007—2016年TOP20申请量的申请人

申请量排名	申请人	申请量排名	申请人
1	杭州晶霸贸易有限公司	11	曹阳
2	莆田市力天红木艺雕有限公司	12	朱步朝
3	郑州鸿宾木艺有限公司	13	吴长江
4	杭州睿盛文化创意有限公司	14	姚学勤
5	潘韦	15	温玉友
6	张鹏	16	黄守瑜
7	上海张铁军翡翠股份有限公司	17	昆山匠门琉璃水晶有限公司
8	王小燕	18	高东
9	苏州画龙艺术品有限公司	19	新昌县南明街道优舍日用品商行
10	朱正喜	20	郑州阎氏陶瓷艺术研究所

2.3 评价报告请求量

11-02类装饰品的外观设计评价报告请求量从2011年起保持持续增长，年请求量从2011年的5件增长到了2017年的183件。年请求量增长最快的一年为2016年，比上一年度接近翻了一番。评价报告请求量一定程度上反映了外观设计专利的转化运用活力。

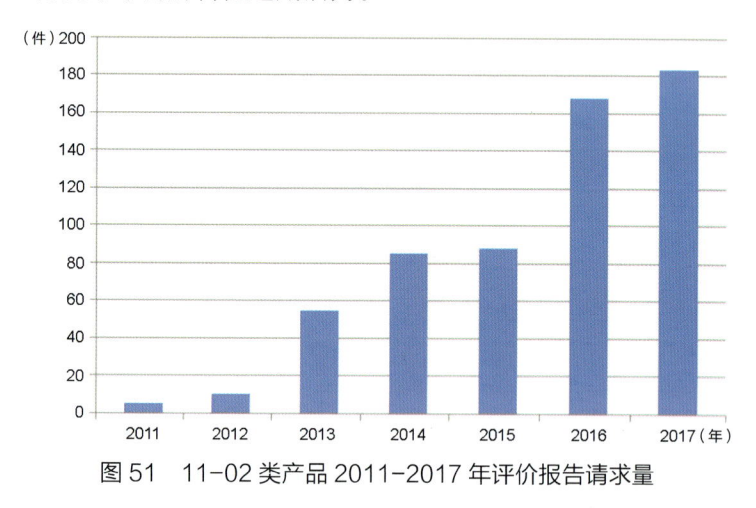

图51　11-02类产品2011-2017年评价报告请求量

3. 装饰品类产品实用艺术品现状和特点

珠宝配饰、工艺品、工艺百货三类产品的设计特点和艺术性高低不尽相同，大体来说这三类产品的整体艺术性高度是依次递减的。珠宝配饰产品因佩戴于人体以增加佩戴者个人形象的美感为主要目的，该类产品有些用材贵重、艺术欣赏价值高，外观设计带来的附加值较高，价值由材料和外观艺术造型综合体现；有些用材贵重但

造型简单，其价值更多地体现在用材上，比如一些黄金制品。工艺品受摆放环境、风俗寓意、使用者偏好等因素影响，题材、风格较多元化，整体设计水平高低差别较大，艺术性高低参差不齐。工艺百货受产品实用功能的影响，艺术性往往有所下降，整体上相对珠宝配饰产品而言艺术性较低。

装饰品类产品的主要用途之一就是修饰美化，或装饰环境，或装饰人体，对产品的装饰性要求使得大部分的装饰品类产品相对于其他类产品而言都具有较高的艺术性，但由于实用艺术品对艺术性的要求是高于外观设计专利对美感的一般性要求的，因此获得外观设计专利的装饰品中仍存在一些艺术性较低的设计，比较典型的就是黄金制品。存在艺术性高度不能达到实用艺术品要求的情况，一方面和目前行业的设计水平高低有关；另一方面也是由该类产品的除修饰美化用途之外的其他用途决定的。对于珠宝配饰产品而言，装饰人体只是用途之一。产品选用材质的价值高低和稀有程度往往也是消费者非常关注的，该类产品不仅要具有装饰性，还要能够彰显社会地位、显示财富，具有保值、增值或收藏价值等。比如黄金等贵金属饰品，对经济价值的追求往往高于对其艺术性的要求。而对于一些摆件等工艺品而言，除了装饰性要求外，人们还会关注产品制作工艺的高低、材质的珍贵性、收藏价值高低、产品所具有的文化寓意等特点。一些民间传统题材的工艺品，比如具有招财进宝寓意的财神题材的摆件，受人物原型和题材固有的传统设计风格的制约，艺术性的高度有所受限。

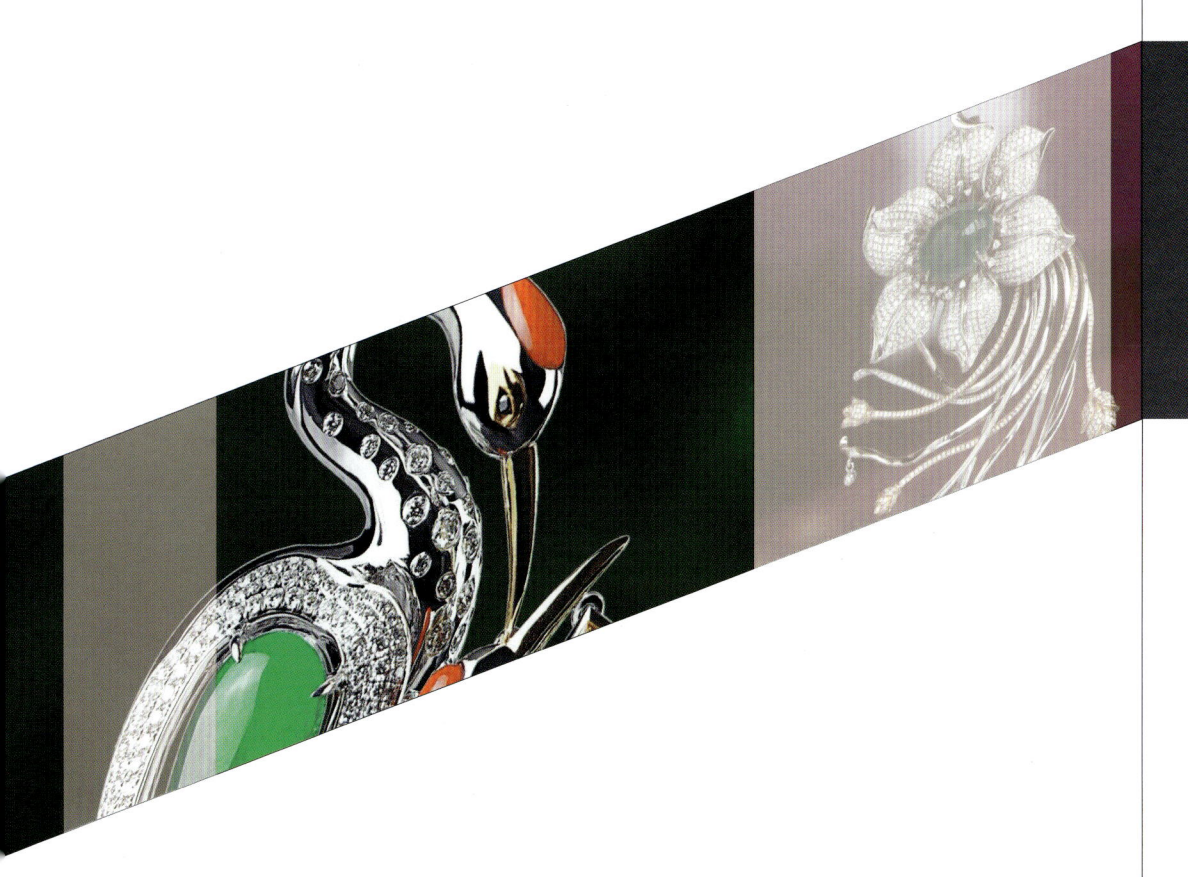

装饰品案例

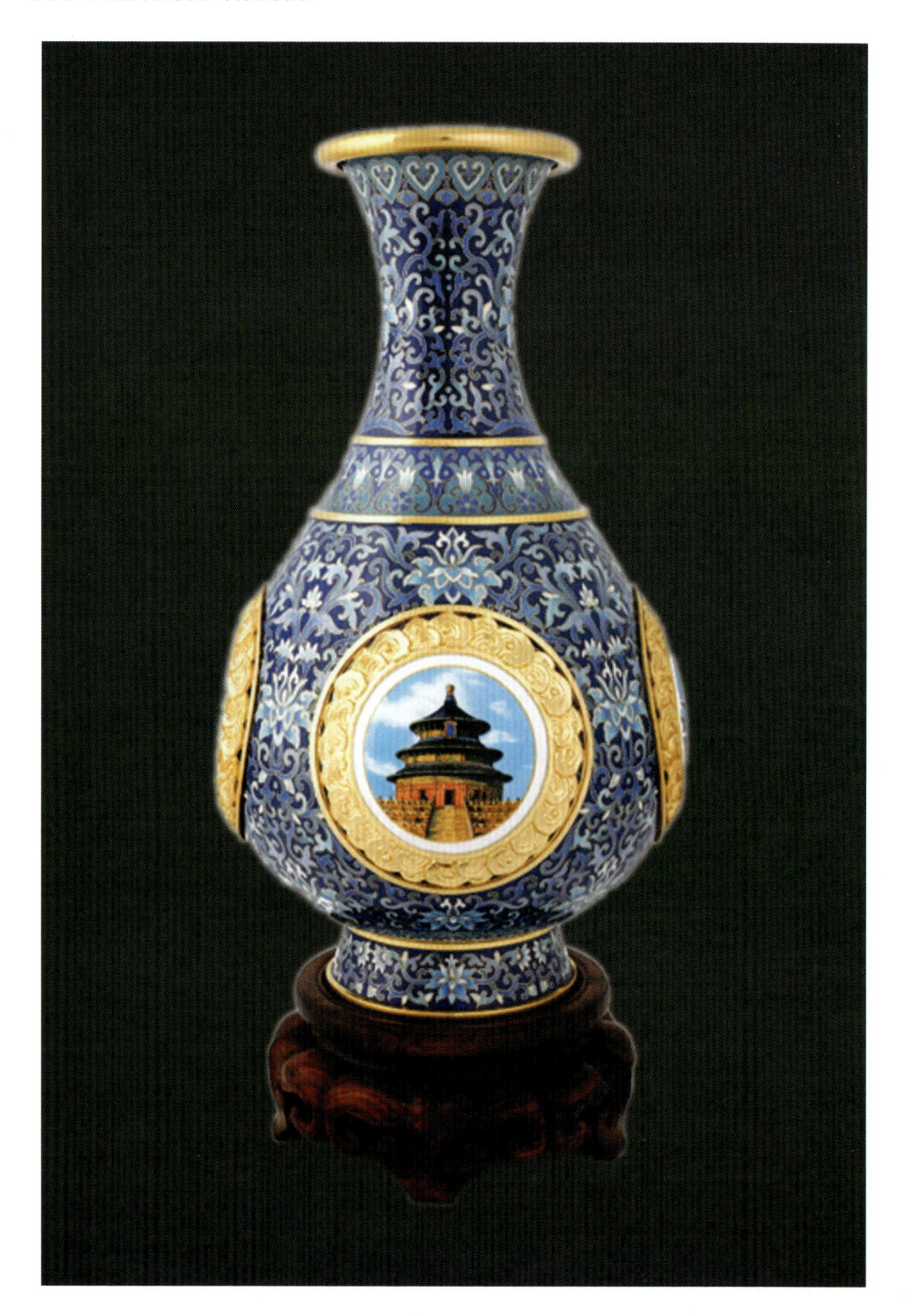

【专利号】ZL201430345325.4

【产品名称】花瓶（四海升平）

【专利权人】北京工美集团有限责任公司技术中心

【设计人】申文广

【点评】《四海升平》景泰蓝赏瓶整体造型精致，色彩与材质丰富，凸显名贵高档，纹样细腻有意味。以盛唐敦煌莫高窟藻井上的宝相花为设计基础，以蓝色为基调，在借鉴中国青花瓷效果的基础之上重新创作而成。深浅不一的蓝色，还象征着蔚蓝的太平洋，同时呈现出东方文明古国深厚的人文内涵和浪漫精致情怀。构思巧妙，四面开光、周围以浮雕吉祥水纹环绕，象征"四海"，寓意环太平洋，"瓶"即"平"，整体即四海升平。结合画珐琅工艺的方式创作完成，极具皇家气派。造型精美，用材考究，装饰图案富有寓意。

○胡伟峰

（江南大学设计学院）

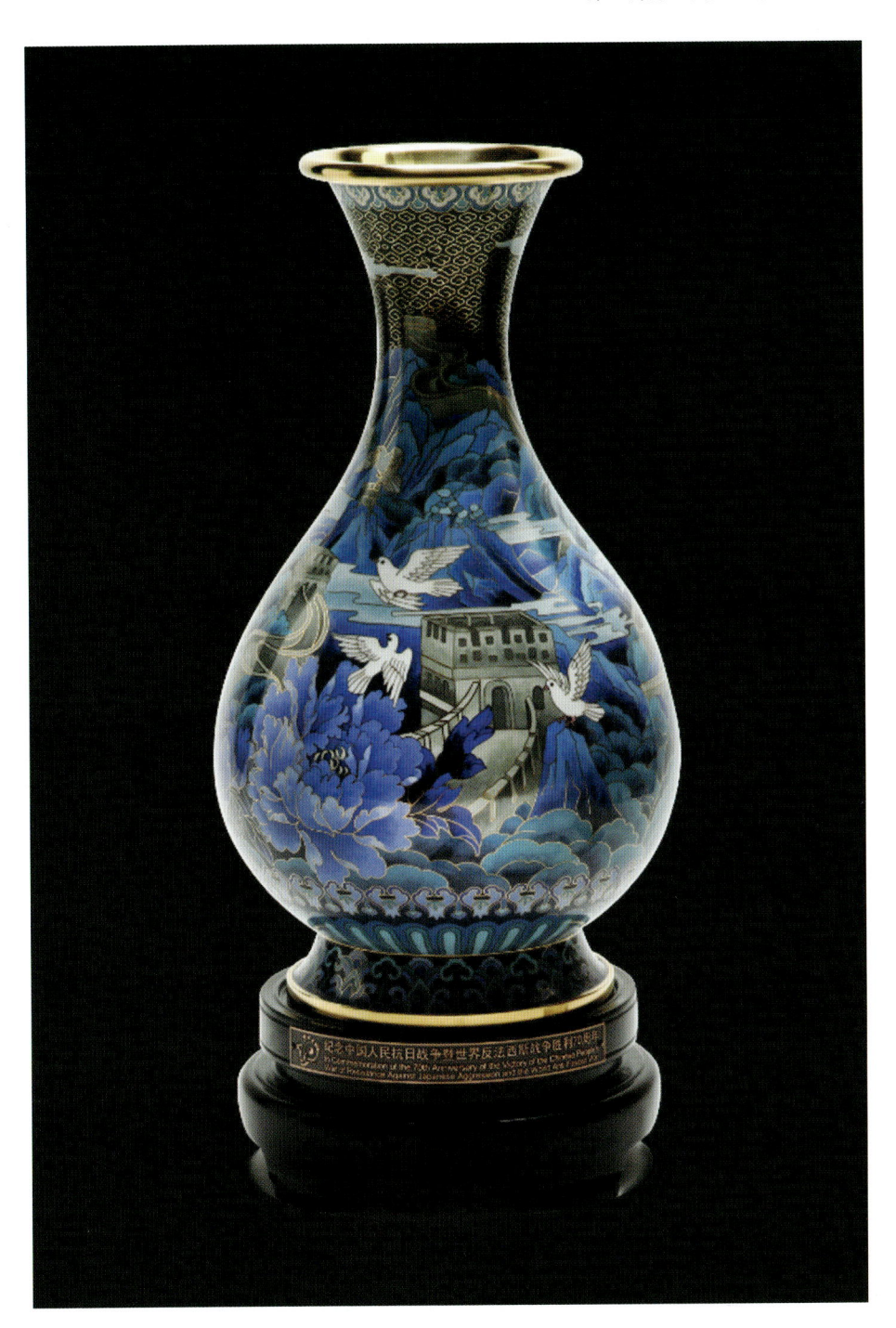

【专利号】ZL201630471039.1

【产品名称】工艺品(和平欢歌)

【专利权人】北京工美集团有限责任公司技术中心

【设计人】郭鸣 冯超 焦静

【点评】《和平欢歌》景泰蓝赏瓶整体庄重大气,制作工艺精湛,器型优美,线条流畅。材质使用丰富多彩,金属质感彰显品质。色彩运用协调有品位,整体设计构思巧妙,精心创作而成,极具中国特色和文化底蕴。赏瓶纹饰由万里长城、牡丹花、和平鸽、中国传统文化元素等组成。万里长城,气势磅礴,巍然屹立,展现了中国人民和衷共济取得抗日战争暨世界反法西斯战争的胜利;长城盘旋而上,守卫家园,传达出中国人民祈望和平,筑梦和平的美好愿景。《和平欢歌》是一个形神兼备、体现匠心的优秀工艺品设计案例。

○胡伟峰

(江南大学设计学院)

【点评】

整体造型非常雅致，有意境，有禅意，彰显艺术品位，采用立体雕塑和倒角脱模工法，呈现绽放眼前的立体荷花和灵动的翠鸟，大片莫兰蒂灰蓝的荷叶包裹茶壶瓶身，叶脉纹理细致雕刻，衬托着精细釉下彩手绘的绽放的淡粉荷花，让人在一片雅致的色彩中，寻找翠鸟生命的鲜活色彩。颜色方面，柔柔的淡黄瓶身，彰显素雅、意境和禅意，让人静下心来，体会和谐自然之美；配以灰蓝色的荷叶和淡粉色的荷花，充满意境。整体设计造型雅致，材质和色彩应用也非常能体现设计定位，细节制作考究，匠心独运，是一款用心设计与制作的精品。

○ 胡伟峰

（江南大学设计学院）

【专利号】ZL201530562512.2
【产品名称】茶壶（荷花翠鸟）
【专利号】ZL201530562511.8
【产品名称】花瓶（荷花翠鸟）
【专利号】ZL201530562502.9
【产品名称】咖啡杯套件（荷花翠鸟）
【专利权人】景德镇法蓝瓷实业有限公司
【设计人】魏桂美

（注：图中茶叶罐和奶罐为非专利产品。）

【专利号】ZL201730575902.2
【产品名称】手包饰品（出水芙蓉花丝）
【专利权人】深圳市萃华珠宝首饰有限公司
【设计人】郭夷锬
【点评】该款手包的整体造型从正面看是一个正圆形减去五分之一局部的式样，仿佛一个从云层中飘逸而出的圆月。运用了国家非物质文化遗产之花丝镶嵌、錾刻工艺、珐琅镶嵌等纯手工技艺，色彩上利用黄金的金色，再搭配以祖母绿色，作品整体显得精致、富贵、高雅。从细节的造型看，采用了网格状的底，左下角为线面结合的荷花、荷叶造型，顶部再缀以少量荷叶、荷花，与包扣的荷花花苞造型形成一体，灵动的蜻蜓在整体设计中是点睛之笔，不仅使色彩跳跃，还可拆卸作为胸针佩戴，构思精巧，制作精良。

○余雅林

（江南大学设计学院）

【专利号】ZL201330043913.8
【产品名称】饰品（斑斓系列之鹤恋）
【专利权人】深圳市粤豪珠宝有限公司
【设计人】周德奋
【点评】该款首饰设计造型以优美的曲线为主，以一大一小两只相偎相依的仙鹤为主要的设计元素。仙鹤的装饰表现上，将身体部分设计成为水滴状，四周线条上镶嵌白色钻石，身体中心镶嵌绿色宝石。颈部的钻石镶嵌疏密有致，头顶部分镶嵌以红色宝石，与绿色宝石形成对比，体现出传统的经典配色。其中一只仙鹤嘴部下方的菱形装饰，仿佛是叼着的一只小鱼。为了能使整个作品的整体感加强，在仙鹤的足部，采用了链条和方形挂坠的装饰，上下呼应，很好地将具象形态和意象形态结合于一体。

○余雅林

（江南大学设计学院）

【专利号】ZL201130049451.1
【产品名称】吊坠（沁舞）
【专利权人】深圳市粤豪珠宝有限公司
【设计人】周德奋
【点评】该款吊坠设计以花卉为主体，花头以写实手法造型，将花瓣的叶形和生动的边缘转折都很好地表现出来，花心中部镶嵌绿色宝石，花蕊顶端镶嵌白色钻石，花瓣上也按照其生长方向有规律地镶嵌了白色钻石，使花头的整体感增强。花形的下方用流线的曲线做排列，似枝条，又似流水。在线条的端头点缀以花苞造型，与花头形成具象形态的呼应。作品以银白色为主基调，再配以绿色和玫瑰金色，整体造型主次分明、层次丰富，统一与变化把握得恰到好处。

○余雅林

（江南大学设计学院）

【专利号】ZL201730511957.7

【产品名称】首饰装饰件（塑真黄金镶嵌珠宝）

【专利权人】深圳市石上清庭珠宝有限公司

【设计人】杨阳

【获奖情况】首届中国珠宝首饰设计天工奖最佳设计奖

【点评】该首饰装饰件设计流露出优雅的气质，以兰花为原型，运用写实手法进行设计与塑造。金色的花瓣配以白色的珍珠，枝干处理为暗银色，这三种颜色的搭配，很好地体现出主次关系。为了更好体现物体的质感，制作并保留了花瓣上细腻的纹理，以及枝干上稍显粗犷的线条。不规则的造型和细纹理的处理在金属工艺制作中并不是一件容易的事情，需要靠技师精心雕琢，并要对兰花造型进行仔细观察和较好地把握。因此，作为一件获奖作品，其自然透露出的清雅气质和生动的造型应该是打动评委的最关键要素。

○余雅林

（江南大学设计学院）

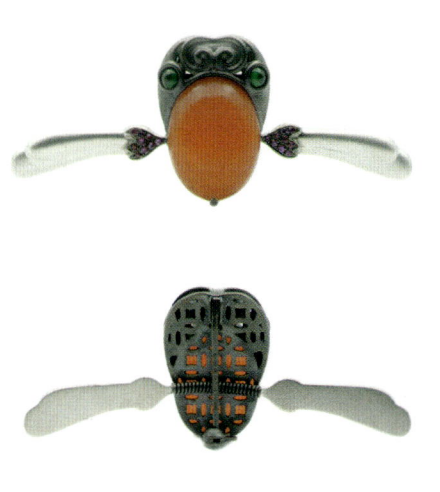

【专利号】ZL201730377828.3
【产品名称】胸针（鸿运当头）
【专利权人】严翔
【设计人】严翔
【点评】该胸针以南红玛瑙为主体，结合黄金及碎钻，设计出一个极有趣味的造型。由玛瑙圆润的形状联想到官帽的造型是一个十分巧妙的设计点，胸针本身并未在玛瑙周围做过多的装饰包边，反而更凸显宝石的气质，也使这款胸针的设计重点更为突出。由黄金和碎钻镶嵌装饰的官帽造型线条流畅优美、细节丰富，与圆润的玛瑙形成统一的设计语言。同时作品也充分考虑了胸针的使用场景，将官帽两侧的长翅设计为可活动的，这样胸针被佩戴在胸前，长翅随着佩戴人的动作轻微晃动，使设计更加灵动轻巧，在一定程度上减轻了大颗玛瑙带来的厚重感。

○余雅林

（江南大学设计学院）

【专利号】ZL201730251475.2
【产品名称】耳钉（电子流星）
【专利权人】北京尤目服饰有限公司
【设计人】张晓宇
【点评】该耳钉的造型设计将点、线、面结合得甚是巧妙。作为面的圆形主体周围以锯齿状包边，中间嵌有颜色淡雅的光学镀膜镜片，四周装饰着一些色彩活泼的碎钻，颜色搭配十分清新灵动，使用不同形状和大小的碎钻搭配使细节设计中充满了变化，让耳钉更加值得细细欣赏。将螺旋形的线与珍珠充当的点搭配，作为流星的尾巴，使整体造型更加灵动。整个耳钉的造型、用色及选材都十分大胆新颖，但合理的搭配又让这些新颖恰到好处地结合在一起。

○余雅林

（江南大学设计学院）

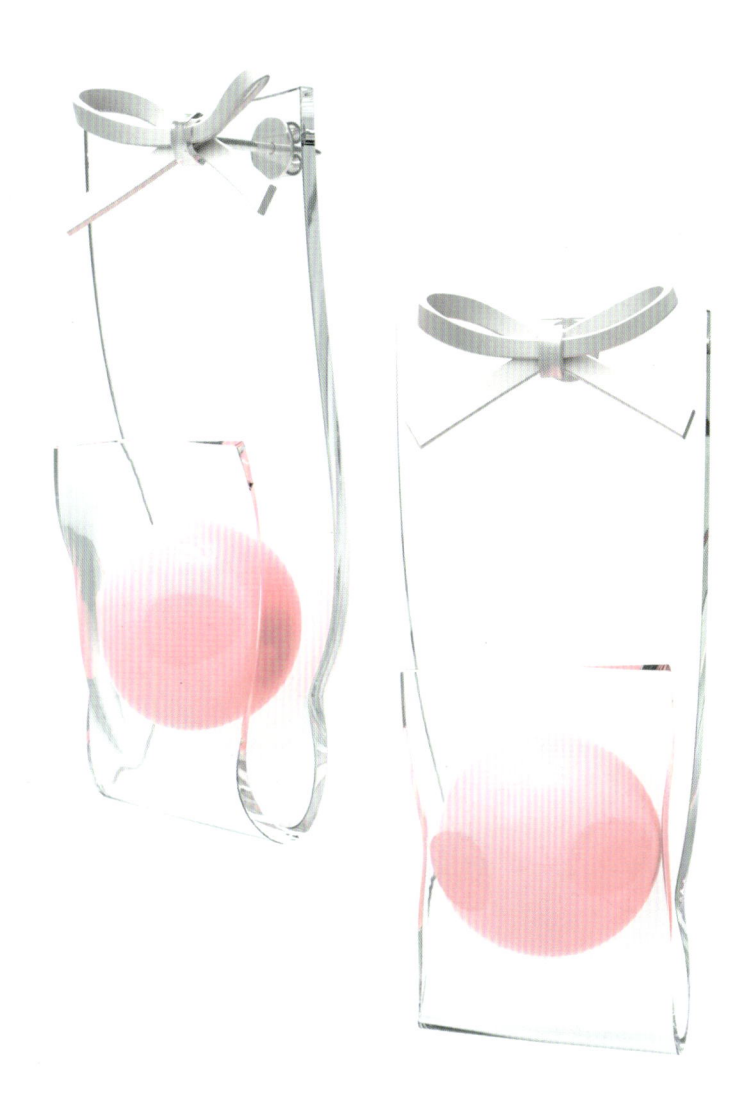

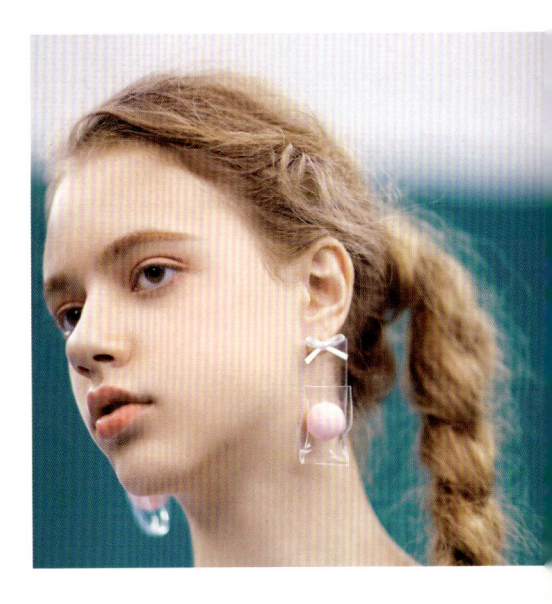

【专利号】ZL201630448374.X

【产品名称】耳坠（透明托3）

【专利权人】北京尤目服饰有限公司

【设计人】张晓宇

【点评】该耳环设计的选材和造型都十分独特，虽不同于传统耳环使用贵金属及宝石作为装饰，但柔和的颜色选择、新颖的造型和恰到好处的细节处理都显现出这款耳环的精致。粉色的树脂烤漆球体与透明的、造型柔软的亚克力让人联想到优美的艺术体操，也让人联想到甜美晶莹的水果糖。耳环上方的白色金属蝴蝶结也仿佛是用丝带做出来，造型简约，细节到位。耳环整体造型虽然体积较大，但在选材、色彩和造型设计上都充满了轻盈感，减少了大体积带来的沉重感觉。

○余雅林

（江南大学设计学院）

【专利号】ZL201630090821.9
【产品名称】戒指（巢系列A）
【专利权人】深圳市佐卡伊电子商务有限公司
【设计人】吴涛
【点评】该戒指将细节丰富的戒托与造型简约的戒环结合在一起，使整枚戒指既不缺乏细节，又不会显得过于繁复。戒托的设计充分地体现了戒指的主题——蜂巢，无论是戒托侧边，还是小颗钻石的嵌槽都做了六边形的蜂巢设计。戒环部分运用流动的蜂蜜造型对简单的戒环做一些装饰，更好地衔接了戒托与戒环，同时也是对戒指主题的呼应。除此之外，戒托部分规则的六边形围绕和戒环部分不规则的流动蜂蜜造型形成对比，使整枚戒指更加富有变化，不规则的液线形状设计也使戒指造型脱离死板的框架。

○余雅林

（江南大学设计学院）

【专利号】ZL201630206898.8
【产品名称】吊坠（蜗牛）
【专利号】ZL201630303998.2
【产品名称】耳钉（蜗牛）
【专利号】ZL201630303995.9
【产品名称】手链（蜗牛）
【专利权人】深圳市佐卡伊电子商务有限公司
【设计人】吴涛

【点评】吊坠设计的整体线条十分流畅、一气呵成。两条金属线由粗变细并以螺旋形缩小，形成了简化之后略带卡通的蜗牛造型，形象生动有趣。在眼睛部分镶嵌钻石作为亮点，使整体造型多了一些灵动。与流畅圆润的金属线条相呼应的是温润柔和的、镶嵌在蜗牛身体部分的珍珠，珍珠圆弧的起伏线条使整个吊坠更加立体，也更加贴合蜗牛这一形象，同时暖色系的金属选择与珍珠的光泽使整件作品散发出温暖的色调。

耳钉设计的造型同吊坠设计的蜗牛造型，生动可爱、温润柔和、散发温暖。

手链包括手链坠与链子两部分。手链坠部分同样采用蜗牛造型，同色调的链子采用了矩形倒角环扣的链条形式，整条链子纤细精致，极好地衬托了手链坠的美感。

○余雅林

（江南大学设计学院）

第四章　家电类实用艺术品

1. 家电类产品简介

家用电器，简称家电，是指在家庭及类似场所中使用的各种电器和电子器具，又称民用电器、日用电器。现如今，家电已成为家庭生活的必需品，因其不仅将人们从繁重、费时的家务劳动中解放出来，还为人类创造了更为舒适优美、更有利于身心健康的生活和工作环境，同时还可以提供丰富多彩的文化娱乐条件。

在家电问世的早期，家电与艺术，这两个概念相距甚远，彼时设计者们主要关注的是家电的技术性功能要求。随着科学技术的进步，在日趋成熟的家电市场上，技术功能的同质化困境，使得家电的设计者们更加关注产品的外观设计，以期借助外观设计上的优势使产品脱颖而出；与此同时，消费者对家电实用功能需求得到满足后，更高层次的精神需求随之而生，对家电的颜值要求也越来越高，两方面的因素互相作用，使得近年来家电产品外观设计的整体艺术性水平不断提升，一些具有较高艺术性的家电产品也陆续出现，家电也走向了兼具实用性和艺术性的发展道路。

1.1 家电类产品的分类

家电问世已有近百年历史，但家电的范围在各国并不相同，国际上尚未形成统一的家电分类法。从产品的具体用途和使用场所上，可以将家电类产品大致分为以下 8 类。

1.1.1 洗涤、清洁和干燥用电器

包括洗衣机、干衣机、熨烫机、吸尘器、地毯清洗机、地板清洁机、电熨斗等。这类产品在国际外观设计分类表中主要为 15-05 和 07-05 类产品。

1.1.2 制冷和冷藏设备

包括家用冰箱、冷柜、冷饮机、制冰机等。这类产品在国际外观设计分类表中主要为 15-07 类产品。

1.1.3 通风和空调设备

包括空调机、空气加湿器、空气净化器、电风扇、换气扇、抽油烟机等。这类产品在国际外观设计分类表中主要为 23-04 类产品。

1.1.4 电暖器具

包括热水器、电暖气、暖风机等。这类产品在国际外观设计分类表中主要为 23-03 类产品。

1.1.5 声像及数码电器

包括微型投影仪、电视机、收音机、录音机、录像机、摄像机、计算机、手机、打印机等。这类产品在国际外观设计分类表中主要为 14 大类产品。

1.1.6 厨房电器

包括电饭锅、煮蛋器、咖啡机、电热水壶、微波炉、电烤箱、电磁炉、电灶、多士炉等，这些产品在国际外观设计分类表中为 07-02 类。

还包括一些其他食品或饮料制备家电，如破壁机、榨汁机、原汁机、料理机、和面机、面条机、厨师机、绞肉机、家用电动研磨机等，这类产品在国际外观设计分类表中为 31-00 类。

1.1.7 美容保健电器

包括电动剃须刀、电动牙刷、烫发卷发器、电动按摩器、电吹风、洁面仪等。这类产品在国际外观设计分类表中为 28-03 类。

1.1.8 水处理电器

包括净水器、直饮水机等，这类产品在国际外观设计分类表中为 23-01 类和 31-00 类。

1.2 白电与黑电

在谈及家电产业划分时，必然要涉及的概念就是白电与黑电。白电与黑电是家电行业早期根据电器产品的外观，对空调、电视、冰箱的一种笼统分类。白电，是白色家电的简称，是指空调、洗衣机、冰箱类产品，早期这些产品的外观以白色为主，故称为白电。黑电，是黑色家电的简称，是指如电视机、影碟机、音响之类产品，早期这些产品的外观以黑色为主，称之为黑电。如今家电行业历经百年发展，其外观上色彩的运用已越来越多样化，产品早已不局限于黑白两色为主，故而白电和黑电的说法仅仅是一种原始产业划分方式的延续，已与产品色彩选用无关了。

家电行业通常也可分为四类，除了上述黑电与白电外，还包括米色家电和新兴的绿色家电。米色家电指电脑信息产品；绿色家电，指在质量合格的前提下，可以高效使用且节约能源的产品，绿色家电在使用过程中不对人体和周围环境造成伤害，在报废后还可以回收利用。

2. 家电外观设计专利数据分析

从上文家电类产品的分类情况可以看到，家电产品在国际外观设计分类表中并没有一个统一的分类号，而是根据各种家电的具体用途的不同，给予不同的分类号，并且这些分类号较为分散。本书从中选取了两个家电产品较为聚集的分类号进行专利数据分析，它们是包括洗衣机、吸尘器等电器在内的洗涤、清洁和干燥用电器所在的 15-05 类，以及包括空调、电风扇、抽油烟机在内的通风和空调设备所在的 23-04 类。

2.1 申请量

从外观设计专利年申请量看，15-05 类家电的外观设计专利的年申请量从 2007 年到 2016 年，十年时间内总体上是呈波段式增长的，仅在 2012 年和 2014 年出现了略微下降，2016 年的年申请量是 2007 年的 2.26 倍。23-04 类家电的外观设计专利申请总体上也是呈波段式增长的，仅在 2015 年出现了略微明显的下降，2016 年的年申请量几乎达到了 2007 年的 3 倍。

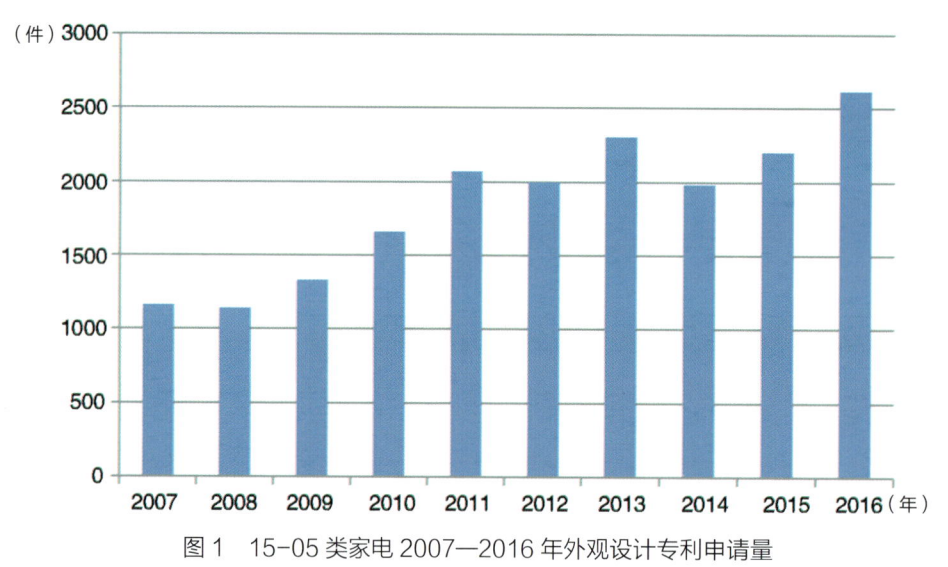

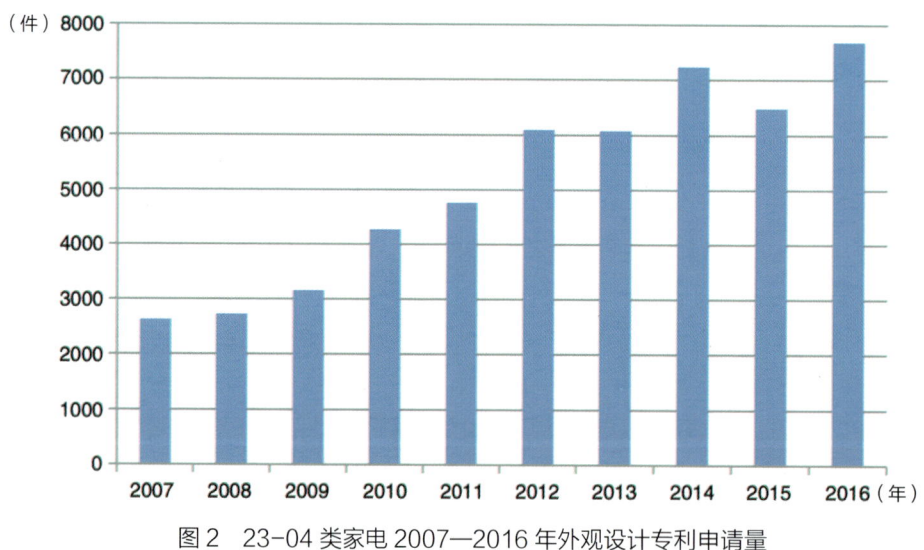

图 1　15-05 类家电 2007—2016 年外观设计专利申请量

图 2　23-04 类家电 2007—2016 年外观设计专利申请量

对比江苏、浙江、广东三个家电产业较集中、专利申请量大的省份数据。15-05 类和 23-04 类家电的年申请量均是按照江苏、广东、浙江由高到低。三个省 15-05 类家电年申请量变化趋势非常吻合，均在 2014 年左右出现年申请量下降情况。浙江省 23-04 类家电的年申请量明显低于另外两省，三省的增长趋势也不太一致。

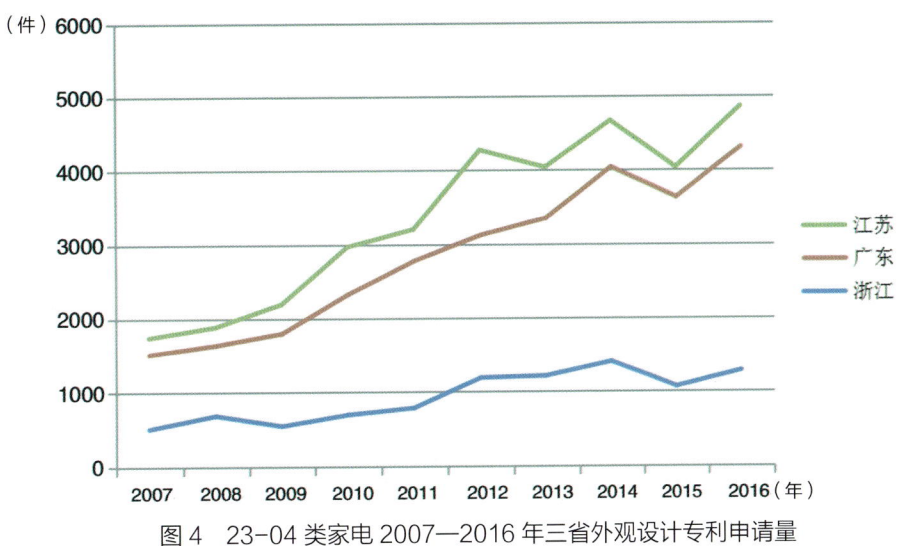

图 3　15-05 类家电 2007—2016 年三省外观设计专利申请量

图 4　23-04 类家电 2007—2016 年三省外观设计专利申请量

2.2. 申请人与设计人

2007—2016 年 15-05 类和 23-04 类家电的外观设计专利申请人和设计人数量都有较大增长。其中设计人数量均在 2014 年和 2015 年达到了峰值。两类家电的设计人增长速度均高于申请人增长速度，设计人员的增长情况，可以从侧面反应我国家电行业设计的发展进步。

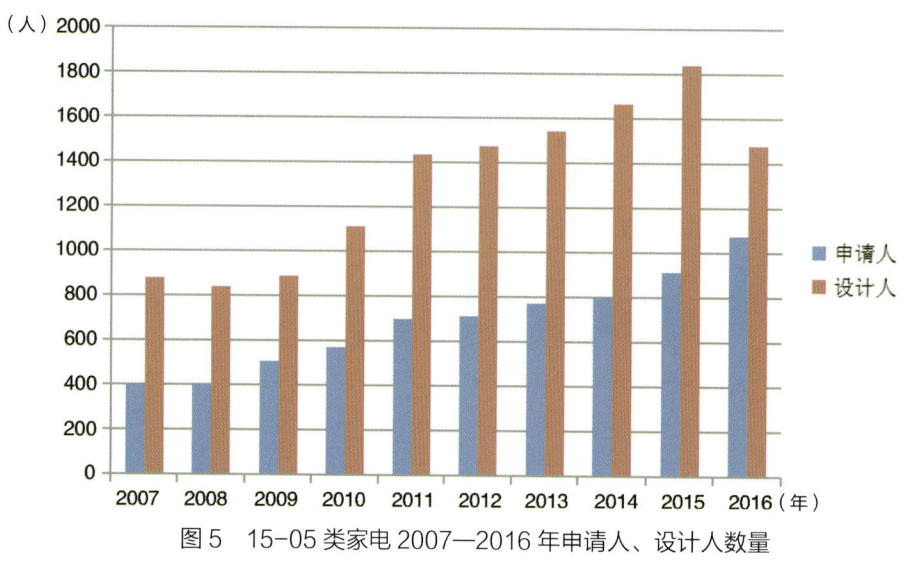

图 5　15-05 类家电 2007—2016 年申请人、设计人数量

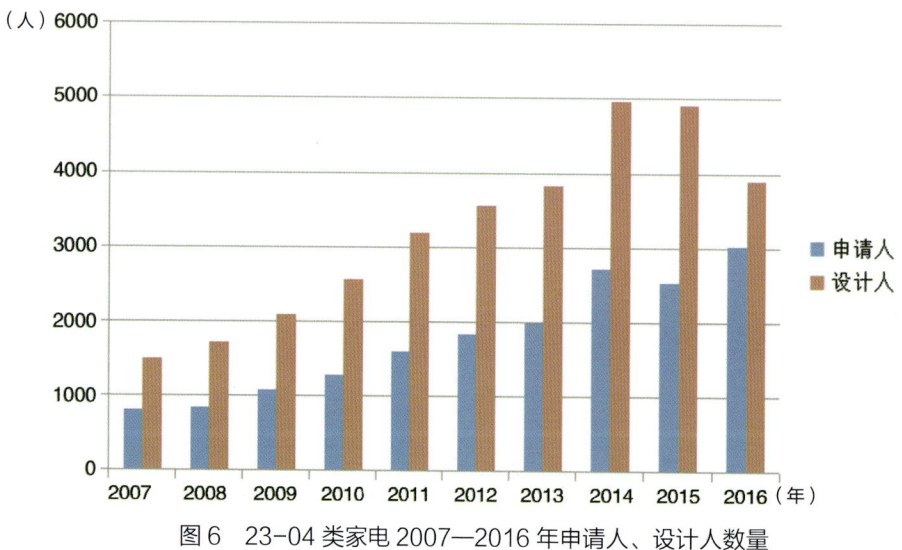

图 6　23-04 类家电 2007—2016 年申请人、设计人数量

2007—2016 年 15-05 类家电产品的外观设计专利申请量排名前 20 名的申请人中，美的旗下公司有三家，海尔旗下有两家，国内企业占多数。

表 1　15-05 类家电 2007—2016 年 TOP20 申请量的申请人

申请量排名	申请人	申请量排名	申请人
1	无锡小天鹅股份有限公司	11	阿尔弗雷德·凯驰两合公司
2	莱克电气股份有限公司	12	美的集团股份有限公司
3	江苏美的清洁电器股份有限公司	13	海尔集团公司
4	三星电子株式会社	14	韩电集团宁波洗衣机有限公司
5	LG 电子株式会社	15	AC（澳门离岸商业服务）有限公司
6	佛山市顺德区美的洗涤电器制造有限公司	16	宁波华彩电器有限公司
7	创科地板护理技术有限公司	17	安徽聚隆传动科技股份有限公司
8	苏州凯丽达电器有限公司	18	青岛海尔洗衣机有限公司
9	宁波奇帅电器有限公司	19	戴森技术有限公司
10	杭州冠群科技开发有限公司	20	佛山市顺德区盛熙电器制造有限公司

2007—2016 年 23-04 类家电产品的外观设计专利申请量排名前 20 名的申请人中，排在前四名的格力、美的、奥克斯、海尔，均是空调市场的知名企业，这从侧面反映出我国空调行业的领军企业都很重视外观设计，已具有较强的专利保护意识。

表 2　23-04 类家电 2007—2016 年 TOP20 申请量的申请人

申请量排名	申请人	申请量排名	申请人
1	珠海格力电器股份有限公司	11	王俊杰
2	广东美的制冷设备有限公司	12	重庆双扬牌电器制造有限公司
3	宁波奥克斯空调有限公司	13	无锡俊达测试技术服务有限公司
4	海尔集团公司	14	大金工业株式会社
5	四川长虹电器股份有限公司	15	艾美特电器（深圳）有限公司
6	美的集团股份有限公司	16	苏州市飞强电器制造有限公司
7	TCL 空调器（中山）有限公司	17	赵卫国
8	无锡振锡金属制品有限公司	18	LG 电子株式会社
9	青岛海尔空调器有限总公司	19	无锡优萌汽车部件制造有限公司
10	广东美的环境电器制造有限公司	20	深圳市联创电器实业有限公司

2.3 评价报告请求量

15-05 类家电的外观设计评价报告请求量在 2014 年达到峰值后连续三年增长缓慢。而 23-04 类家电的外观设计评价报告请求量则增长迅速，年请求量从 2011 年的十几件增长到 2017 年的两百多件，评价报告请求量在一定程度上反映出 23-04 类家电市场活跃度要高于 15-05 类。

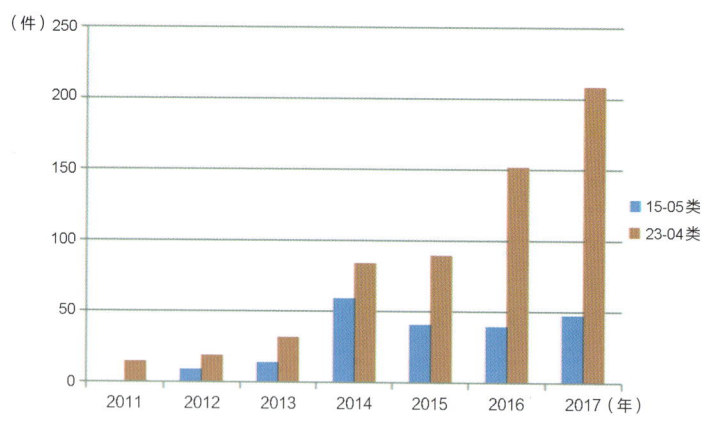

图7 15-05及23-04类家电2011—2017年评价报告请求量

3. 家电实用艺术品发展趋势

美国被认为是家用电器的发源地。从世界范围来看，家电行业发展至今大致经历了三个阶段。

第一阶段是家电的萌芽期。这一阶段是以第二次工业革命为契机，可以追溯到1879年爱迪生发明白炽灯，家庭用电时代就此开始。到了20世纪初，美国的E.理查森发明了电熨斗，这是电除了被用来照明之后，又一次在生活中得以应用。著名的"家电三宝"——空调、冰箱、洗衣机就是在此阶段诞生的，收音机、电视机、家电等也陆续诞生，直至开始建立电信系统。这个时期的电器，以实现功能性要求为主要设计目的，外观非常简陋、粗笨，尚无艺术性可言。（参见图8至图10）

图8❶ 20世纪二三十年代的冰箱　图9❷ 世界第一台洗衣机

图10❸ 20世纪二三十年代的电视

---

❶ 图片来源：http://tech.ifeng.com/a/20170 609/44636185_0.shtml#p=5，"你所不知道的十大重大发明：谁发明了空调"，最后访问日期：2018年10月15日。
❷ 图片来源：http://www.xinhuanet.com/science/2015-10/26/c_134744479.htm，"1858年10月26日 洗衣机被发明"，最后访问日期：2018年10月15日。
❸ 图片来源：http://tv.zol.com.cn/695/6955 280.html，"怀念儿时的黑白电视机　回顾电视机发展史"，最后访问日期：2018年10月15日。

第二阶段从20世纪50年代左右开始，随着科技的进步，家电产业蓬勃发展，家电类产品开始普及，消费类电子产品逐步兴起。集成电路的发明，使电子技术进入微电子技术时代，将家用电器提高到一个新的水平。这个时期的家电产品，外观设计上也在发生变化，体积逐步缩小，美观度有所提升，但这种外观设计上的进步主要来源于技术进步，外观设计依然不是家电商家和消费者的主要关注点，这一时期的家电产品仍以追求实用性为主。

第三阶段大约从20世纪70年代开始，家电行业在这一阶段进入飞速发展期，小家电开始进入消费者家庭，一些具有个性化、携带方便的电子产品受到消费者青睐。具体到我国，直到20世纪60年代前后，"家电三宝"才陆续进入我国，随着改革开放的深入，20世纪80年代末到90年代初，家电业开始迅猛发展。从这一时期开始，家电技术日趋成熟，家电产品的外观设计也在发生着巨大变化，家电外观不再是早期的傻大黑粗，而是逐渐开始讲究美学。我国从1984年专利制度建立以来，家电类产品的外观设计专利也在顺应时代发生着巨大变化。下面是一些洗衣机专利的中国外观设计专利申请视图，从中也可以感受到家电外观设计上的发展变化。（参见图11至图14）

图11 ❶ 上海第四车辆配件厂1986年的洗衣机专利 CN8630057.1

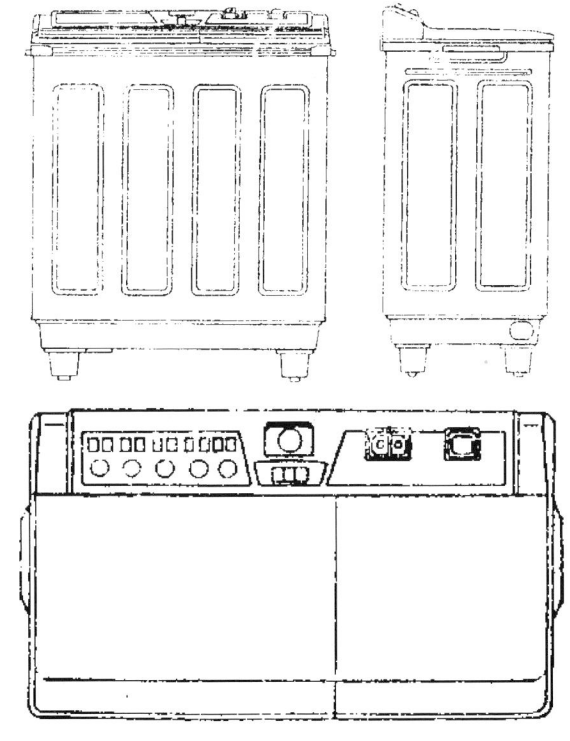

图12 中山洗衣机厂1990年的双缸洗衣机专利 CN90300255.8

---

❶ 图片来源：中国外观设计专利公告库，最后访问日期：2018年9月30日。

图 13　无锡小天鹅股份有限公司 1997 年的单缸洗衣机专利 CN97307247.4

在生活品质提升，消费者对美有越来越高要求的今天，作为家居环境的重要组成部分，家电如今逐渐地被注入了时尚、艺术的元素，家电本质上已经不单单是一个功能性的产品，它可以实现艺术和功能的完美结合。家电艺术化的潮流已开始席卷家电圈，家电与艺术，这两个概念必将被越来越紧密地结合起来。

图 14　无锡小天鹅股份有限公司 2017 年的洗衣机专利 CN201730299124.9

家电案例

【专利号】ZL201830400417.6
【产品名称】吊扇
【专利权人】美的集团股份有限公司
　　　　　　广东美的环境电器制造有限公司
【设计人】彭伟
【点评】首先，材质的选择具有人性化的适合家居氛围的自然木纹，与哑光黑色的金属质感罩子组合，具有很强的艺术美感和品质感。其次，整体造型刚中带柔，采用基本的圆柱型，简洁利落，层次分明。扇叶与扇叶互动感强，连接整体，过渡自然。圆柱型底部为灯，大斜切面丰富了产品的细节层次。良好的比例与合适圆角给人耳目一新的感觉。中间的圆灯采用的是柔和的哑光磨砂灯罩，和整体的造型风格非常匹配，更加能够营造家居温馨的氛围。该设计从整体造型到产品分件都充分展示了良好的延展性，可以以最少成本延伸不同型号。

○胡伟峰

（江南大学设计学院）

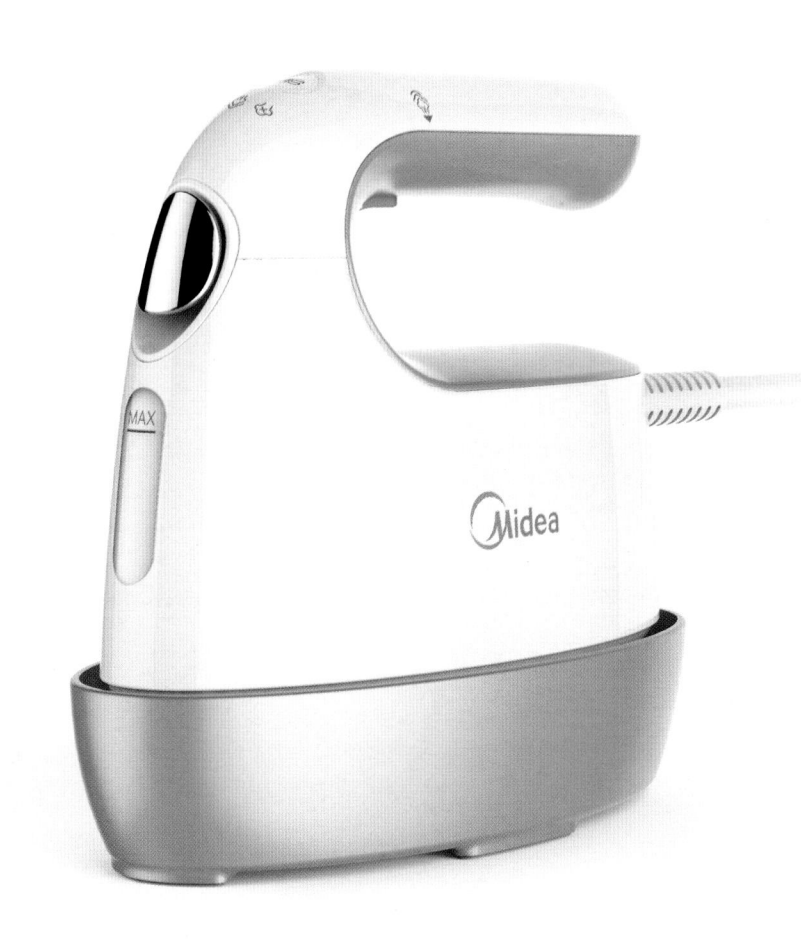

【专利号】ZL201730061278.4

【产品名称】手持式电熨斗

【专利权人】美的集团股份有限公司
广东美的环境电器制造有限公司

【设计人】孟一郎

【获奖情况】中国红星设计奖（2017年11月）、德国IF设计奖（2018年1月）、美国IDEA设计奖（2018年）、广东省外观设计专利优秀奖（2018年2月）

【点评】这款电熨斗整体造型敦厚稳重，圆润具有质感，像是一艘被圆润处理的船。材质的使用更加具有科技感，金属质感的按键起到画龙点睛的作用。采用陶瓷质感的白色作为主色，淡雅的香槟金色作为装饰色，也非常统一，加上局部的金属质感的按键，材质组合非常丰富。人机工学方面，圆角处理，平滑过渡，让用户无论在任何角度握住产品，都会感觉非常舒适。功能上，该造型设计能够将领口、袖口、衣角、袋口等难以熨烫的部位都毫无死角地熨烫平整。

○ 胡伟峰

（江南大学设计学院）

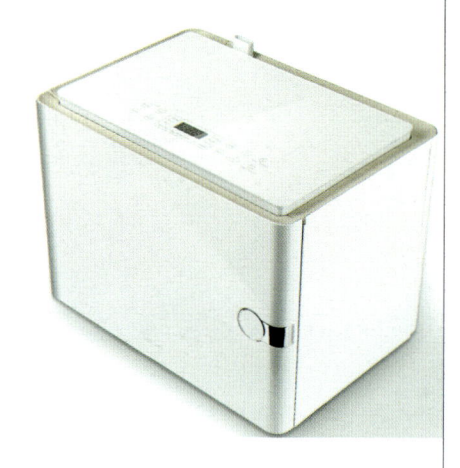

【专利号】ZL201530177929.7

【产品名称】纯蒸炉（X1-241C 白）

【专利权人】美的集团股份有限公司
广东美的厨房电器制造有限公司

【设计人】胡义波

【获奖情况】第 19 届中国专利奖外观设计优秀奖

【点评】外观造型设计整体方正简洁，细腻有质感，颠覆了传统微波炉的一贯造型风格。采用高光亮白色为主色调，产生"洁净、天然、安静、轻松"的心理联想和审美意象，简洁的造型体现了极简主义风格，与现代厨房风格协调一致。顶部的整圈木纹装饰，凸显人性化和品质感，吻合天然健康的产品理念。按键区域的设计和整体造型更加融合一体，具有极高的形式美感，将传统微波炉的 A 面（核心交互面）从产品正面移到了顶面，用户可以直立身体通过"Top-Touch"顶部触摸按键操作机器。

○胡伟峰

（江南大学设计学院）

【专利号】ZL201530178075.4
【产品名称】微波饭煲（AH COOKER 2）
【专利权人】美的集团股份有限公司
　　　　　　广东美的厨房电器制造有限公司
【设计人】金运亨　胡义波　于有荣
【获奖情况】第18届中国专利奖外观设计优秀奖
【点评】这款微波饭煲外观造型采用中国传统餐具"碗"的概念。产品主体用2G曲线旋转而成，流畅圆润，顶部触摸控制面板周围有木质装饰环，传达产品"纯粹、天然"的设计理念。整体金属磨砂质感的材质设计具有极强的科技感，按键的设计和顶盖融为一体，凸显人性化。整体色彩采用金属色和亮白色，局部黑色点缀，丰富又不失科技感。功能方面，用微波穿过内胆直接对米饭（水）加热烹饪，可用特制内胆，做出天然美味的好米饭。

○胡伟峰

（江南大学设计学院）

【专利号】ZL201730488188.3
【产品名称】分体壁挂式空调器（03）
【专利权人】海信（广东）空调有限公司
　　　　　　海信科龙电器股份有限公司
【设计人】吴承龙　王磊　鹿红伟　谭裕锋
　　　　　邓广森　郑金蓉　杨熙　周春霞

【点评】此空调外观造型设计采用仿生设计方法，造型语言来源于天鹅蓄势待发的优美曲线，产品整体造型简约时尚，线条流畅优美，此设计不仅取天鹅之形，更得其"神"，将仿生设计的形与神巧妙融合，静中有动，动静结合，寓意纯洁、美好、忠诚、高贵。整体造型的圆角处理，增强了产品整体的品质感，与现代家居装修风格相吻合。颜色以浅白色为主，侧面配以不同色带，优雅又不失活力，整体搭配协调一致。

○胡伟峰
（江南大学设计学院）

【专利号】ZL201230198197.6
【产品名称】分体壁挂式房间空调器（K12010）
【专利权人】广东科龙空调器有限公司
　　　　　　海信科龙电器股份有限公司
【设计人】覃沛然　王浩评　王磊　李胜辉　何也
【获奖情况】第15届中国专利奖外观设计金奖
【点评】这款空调外观造型圆润、纤薄，富有科技感。革命性的11.3cm超薄形态，新工艺、新材料的应用，将超薄化设计和艺术化设计完美结合，采用全球首创的流线型双弧线设计，颠覆了传统的空调造型，形体饱满，浑然天成。整体材质的搭配采用亮面处理，色彩上采用富有层次感的递进设计，通过色彩的对比营造科技感和品质感，体现了睿智高贵的造型特点。出风口合闭时造型完整，体现出了较高的工艺水平。

○胡伟峰

（江南大学设计学院）

【专利号】ZL201330299065.7

【产品名称】空调机（落地式13-04）

【专利权人】珠海格力电器股份有限公司

【设计人】黄辉 李莎 刘启定 叶务占 张继兼 陈南飞 曹亮亮 孟宪运

【获奖情况】2015年广东省外观设计专利金奖

【点评】这款空调外观造型整体采用圆柱状的设计，设计灵感来源于飞流直下的瀑布，机身修长挺拔，具有较强的视觉冲击力。正面采用透明材料注塑成型，同时镶嵌电镀件进行提升档次的精致装饰，侧面滑动舱采用透明热压板，内嵌优质铝合金型材，整机看起来晶莹剔透，材料表面处理精致，具有品质感。整体色彩采用适应性强的浅色系列，容易和不同风格的家居环境相融合。出风口和进风口的设计也别具一格，按键、显示屏等细节设计非常考究。

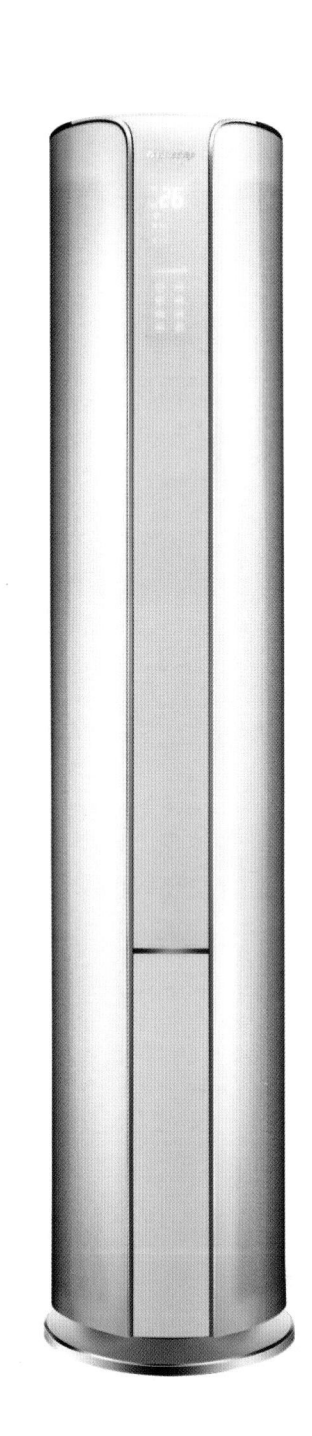

○胡伟峰

（江南大学设计学院）

【专利号】ZL201130344771.X
【产品名称】计算机（Cob）
【专利权人】联想（北京）有限公司
【设计人】杨哲　乐宁
【获奖情况】在 2012 年美国拉斯维加斯举行的国际消费类电子产品展览会（CES）上获得"CNET 的最佳台式机""PC Word 最佳产品"等奖项。同年，斩获中国设计红星奖、第十五届中国专利奖外观设计金奖、亚洲最具影响力设计奖（DFA）、日本 G-mark 设计奖以及德国红点设计奖。2013 年获得德国 iF 设计奖。
【点评】外观造型整体非常紧凑、简洁，倾角调节方式具有人性化，体块化处理增强稳定感，材质应用具有很高科技感的金属材质。底座的设计采用了分材质的设计，上部金属质感，下部深灰色收边处理，显得很有层次感，也很丰富稳重，材料表面处理精致，体现品质感。屏幕采用镜面黑色边框处理，彰显科技感。设备按键、插头、音孔等细节处理也十分考究。整体造型显得纤薄，时尚感和科技感强。整体看来，这款计算机是一款具有原创性创新要素的设计，不论其外观造型、材料、细节的设计，还是使用方式的人机工程学考量，均可以称得上是一款成功的产品设计案例。

○胡伟峰

（江南大学设计学院）

【专利号】ZL201330104790.4

【产品名称】具有显示功能的电子设备（jz）

【专利权人】联想（北京）有限公司

【设计人】王力军

【获奖情况】2013年获得中国设计红星奖，2014年获得第十六届中国专利奖外观设计金奖，2014年获得德国iF设计奖，2014年获得亚洲最具影响力设计奖（DFA），2014年获得计算解放方案领域的爱迪生金奖。同时，该产品在2014年西班牙巴塞罗那举行的世界移动通信大会（MWC）上获得了由Android Authority和Expert Reviews组织评选两项"Best of MWC 2014"大奖以及在2015年美国拉斯维加斯举行的国际消费类电子产品展览会（CES）上获得美国消费品电子协会（CEA）评选的设计和工程创新奖和showstoppers评选的创新设计奖。

【点评】外观造型整体采用卷轴的设计，语义特征非常明显，加上纤薄的屏幕机身，造型细腻、有意味。整体机身紧凑、轻薄，倾角可以随意角度调节，调节方式非常人性化，材质应用具有很高科技感和现代感。屏幕采用镜面黑色边框处理，卷轴的端部设置开关键，细节设计十分得体、协调。底座支撑设计轻巧，节省空间，按键和接口细节设计合理。从设计的角度，这款电子设备，无论其外观造型、材料、细节的设计，还是使用方式的人机工程学考量，可以称得上是一款设计考究的产品案例。

○胡伟峰

（江南大学设计学院）

【专利号】ZL201630032286.1
【产品名称】洗衣机
【专利权人】无锡小天鹅股份有限公司
【设计人】罗思明　唐雨生　金炅学
【点评】这款洗衣机外观造型非常大胆和具有创新精神，是对现有洗衣机外观造型进行的全新创新尝试。外观大胆创新但又不仅仅是为了创新而创新，更不是为了创新而设计奇怪的造型。其造型是基于用户的使用便捷与造型美学综合衡量而做出的优化设计，将产品的造型元素与功能特征进行结合。流线型的外观设计不仅美观，更是为了更加人性化和更易清洁处理。配色更加具有现代气息，更加能够和家居环境协调融合。该洗衣机更加具有人机工学的考量，45°开门的人机设计，解决了用户弯腰取衣的普遍痛点，增强了用户使用的舒适度和良好的用户体验，对于小空间的洗衣房来说，也是非常实用的一种设计。

○胡伟峰

（江南大学设计学院）

【专利号】ZL201630003310.9
【产品名称】复合式洗衣机
【专利权人】无锡小天鹅股份有限公司
【设计人】张尧坤
【获奖情况】2016年德国红点奖，2017年红顶奖，2017年荣获"中国家用电器年度创新成果"奖
【点评】这款洗衣机的整体造型设计属于中规中矩的方形，在腰部增加了一条仿金属拉丝效果的装饰腰条，将整机自然分割为上下两部分，突出分区/分类洗的理念。正面上半部分中间偏上区域为方形操控界面，四周同样采用镜面镀铬处理。前侧从腰条开始向后收拢且为圆弧自然过渡，流线的机身不仅看上去美观时尚，更是基于屏幕和按键区域的人机工学考虑，同时也考虑了使用者操作时的舒适性，即不至于被机器前面上部的边缘顶到。

　　本外观设计产品为一款以"分区健康洗，同步省时洗"为设计理念的创新产品，是传统顶开门搅拌式全自动洗衣机与滚筒洗干一体机的完美结合，实现了上下洗涤单元的分区/分类洗涤。

○ 胡伟峰
（江南大学设计学院）

第五章　服装类实用艺术品

1. 服装设计简介

服装是人们日常生活中接触最密切的产品之一，居"衣食住行"之首。服装的实用性包括遮体、保暖、标识身份、表现礼节等；同时，随着人们物质文化生活的充实丰富，人们对服装美化外表、体现个性的需求越来越高，服装艺术设计逐渐成为一门成熟的设计分支。由此可见，服装是一类可结合实用性和艺术性的典型实用艺术品。

1.1 服装的分类

在国际外观设计分类表中，服装属于02大类，其下按照产品用途又细分为内衣、成衣、帽子、围巾、手套、鞋袜、服饰用品和服装附件等多个小类，其中02-02小类涵盖了大部分成衣，本章的案例大多属于这一小类。此外，服装还有多种分类方式，例如按穿着人群分为男装、女装和童装，或者按使用场所分为礼服、职业服、休闲服、室内服、运动服等，或者按照服装风格分为民族、学院、田园、波普、嘻哈等。

1.2 服装设计基本元素

《专利法》第2条第4款规定：外观设计，是指对产品的形状、图案或者其结合以及色彩与形状、图案的结合所作出的富有美感并适于工业应用的新设计。"形状、图案、色彩"是构成外观设计的三要素，而"款式、色彩、面料"是构成服装设计的三大基本元素，基本对应了外观设计的三要素，但服装基本元素中的面料的材料质感等不是外观设计专利保护的对象。

1.2.1 款式

款式设计包括服装廓形、内部结构和局部设计三方面。其中，廓形随年代和文化审美变迁，特征变化明显，例如清朝中国服饰采用无腰筒状，而欧美"二战"前后的女装则流行收腰和敞篷下摆。服装穿着于人体，其整体形状需基于一定的人体特征而不能过于随意造型，故廓形通常变化部位在肩、腰、下摆等。服装内结构体现在一块布料上的省道线，布料之间的拼接结构线，服装表面的皱褶线等。服装的局部设计有领子、袖子、口袋、裤裆、裤脚、褶裥、门襟等。服装款式的设计特别强调局部和整体的协调统一，比例的平衡等。

1.2.2 色彩

服装的色彩不同于一般外观设计产品的色彩要素，对产品的整体视觉效果能起到非常重要的作用，消费者在挑选时往往首先关注服装的色彩，其次再考虑款式和面料质地。服装的色彩包含了很多潜在的语义，例如，黑色代表严肃庄重，白色代表圣洁素雅，红色代表喜庆热烈，绿色代表生命活力等。当然同一色彩的语义也因文化背景的不同而不同，比如西方婚纱采用的白色，在中国则是丧葬服装色彩。服装的色彩设计绝不是简单的纯色替换，需要结合服装的款式和穿着场合、对象进行细腻的搭配。

需要注意的是，在外观设计专利范畴下，仅改变色彩的外观设计之间还不具备实质性区别，因此建议在申请专利时将多种配色方案以相似设计方式合案申请，并请求保护色彩，以便起到切实全面的保护。

1.2.3 面料

服装面料是服装图案的主要来源，面料丰富的图案设计能适合不同主题、不同年龄群体的喜爱，而面料本身特有的物理性又能进行服装的造型创作，如麻类面料特有的褶皱，金属塑料材料特有的反光硬挺感，真丝的垂顺柔滑感等。随着科技的进步，人类在服装面料上有越来越多的突破，设计大师也富有创造性地引入了很多大胆的材料进行服装设计（如牛仔布料最初源自积压的帆布，因其耐磨在淘金工中首先广泛流行开来，又如具有形态记忆功能的"镍钛记忆合金材料"等）。

需要明确的是，面料自身的物理特性并不是设计师就产品形状、图案、色彩三要素作出的创新性设计，因而这些面料技术上的创新不能受外观设计专利的保护。

2. 服装类外观设计专利数据分析

2.1 申请量

从外观设计专利年申请量看，服装类的外观设计专利申请到2014年，连续八年都是逐年稳步增长的，年申请量从2万件左右增长到近8万件，年均增速约为20.5%，其中又以2009年和2012年增长明显。2015年服装的申请总量明显滑落，较前一年减少了26.7%，但总量仍保持在5.7万件以上。2016年又达到了13%的年增长率。

图2对比了江苏、浙江、广东三个服装产业较集中、专利申请量大的省份数据。2007年江浙两省的申请量接近，随后江苏省的申请量急剧增长，虽然在2015年申请量几乎折半式下跌，年申请量也是其他两省的三倍以上。这很大一部分原因是江苏省的服装产业以面料为主，属于服装产业供应链初始端，且面料的更新换代较成衣更快，需求量更大。浙江省的服装申请量自2010年开始稳步增长三年后，自2013年一直处于下降阶段。而广东省的服装申请量基本保持稳定增长。

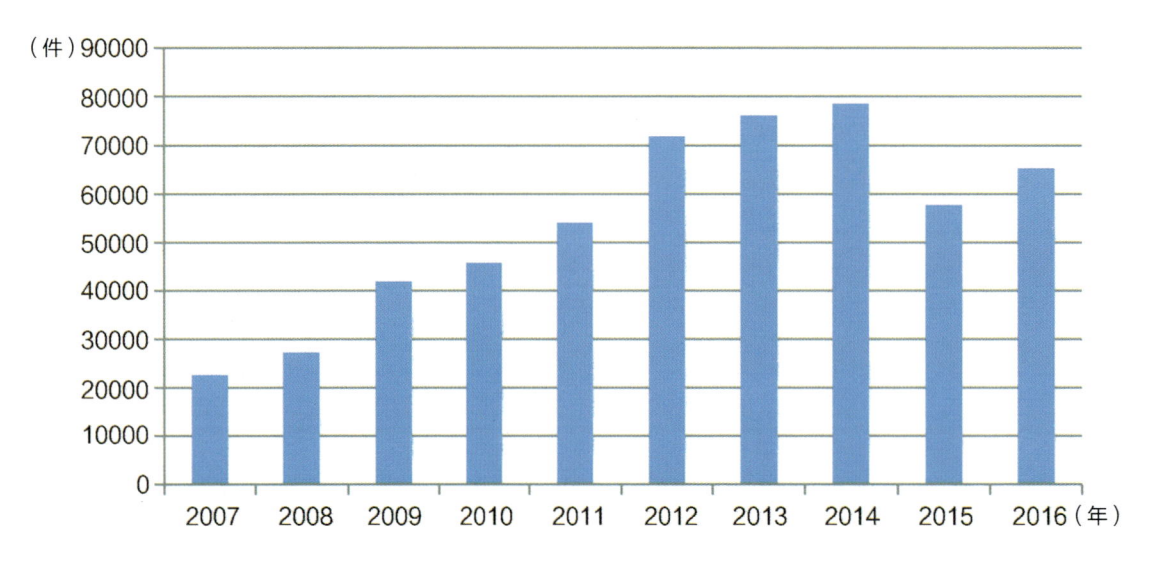

图1　02大类2007—2016年外观设计专利申请量

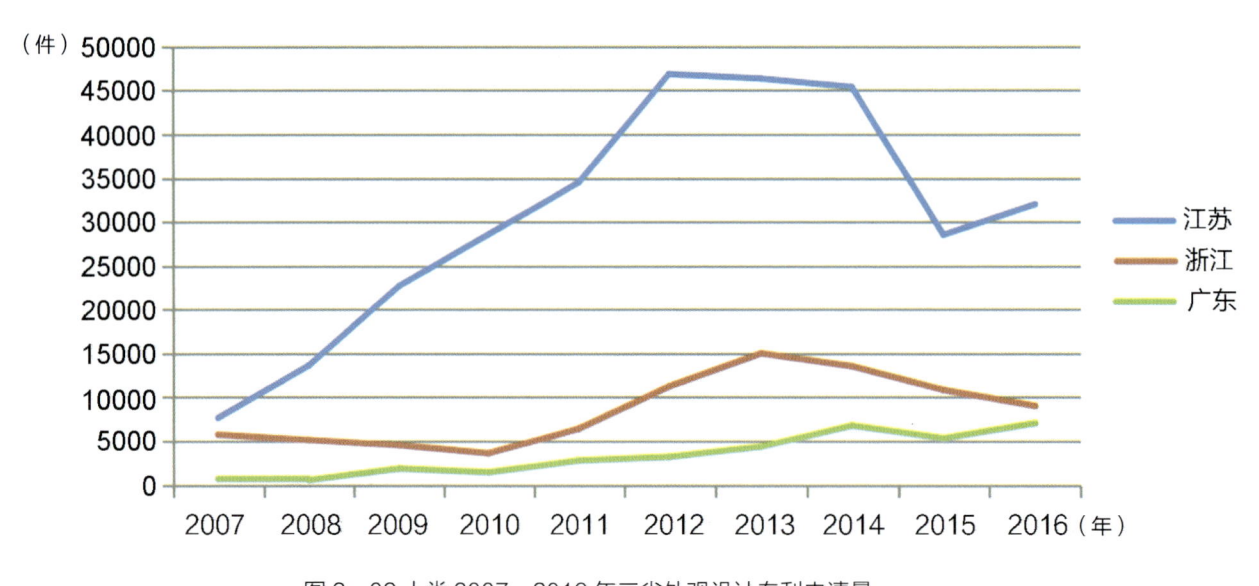

图2　02大类2007—2016年三省外观设计专利申请量

2.2. 申请人与设计人

近十年（2007—2016年）服装领域的外观设计专利申请人和设计人都在逐年递增，2016年申请人数量已是10年前的5倍，设计人的数量已是10年前的4倍。这从一个侧面说明我国服装行业的稳步发展，服装设计人才的不断充实。

2007—2016年服装领域外观设计专利申请量排名前10

图3　02大类2007—2016年申请人、设计人数量

表 1　02 大类 2007—2016 年 TOP20 申请量的申请人

申请量排名	申请人	申请量排名	申请人
1	成都卡美多鞋业有限公司	11	吴江市星瑞针织服饰有限公司
2	成都歌世华鞋业有限公司	12	张家港市杨舍新米洋针织厂
3	胡立仁	13	江苏法诗菲服饰有限公司
4	欣贺股份有限公司	14	昆山市周市惠宏服装厂
5	成都南红鞋业有限公司	15	苏州市中星工艺品有限公司
6	江南大学	16	曹来娣
7	成都卡美多鞋业投资有限公司	17	无锡新双和纺织品有限公司
8	南京至域时装有限公司	18	桐乡市濮院毛针织技术服务中心
9	沈平忍	19	吴江市鸿慧服饰有限公司
10	成都卡美奇鞋业有限公司	20	杨洪

名的申请人中，成都鞋业企业占了一半。除此之外，前 20 名的申请人中有四名个人，一所大学，其余均为企业。

2.3 评价报告请求量

与外观设计评价报告请求总量急剧攀升的趋势吻合，服装类的外观设计评价报告请求量也在近几年增长迅速，平均年增长率达到了 108.8%，2017 年的年请求量为 890 件。评价报告请求量一定程度上反映了外观设计专利的转化运用活力。

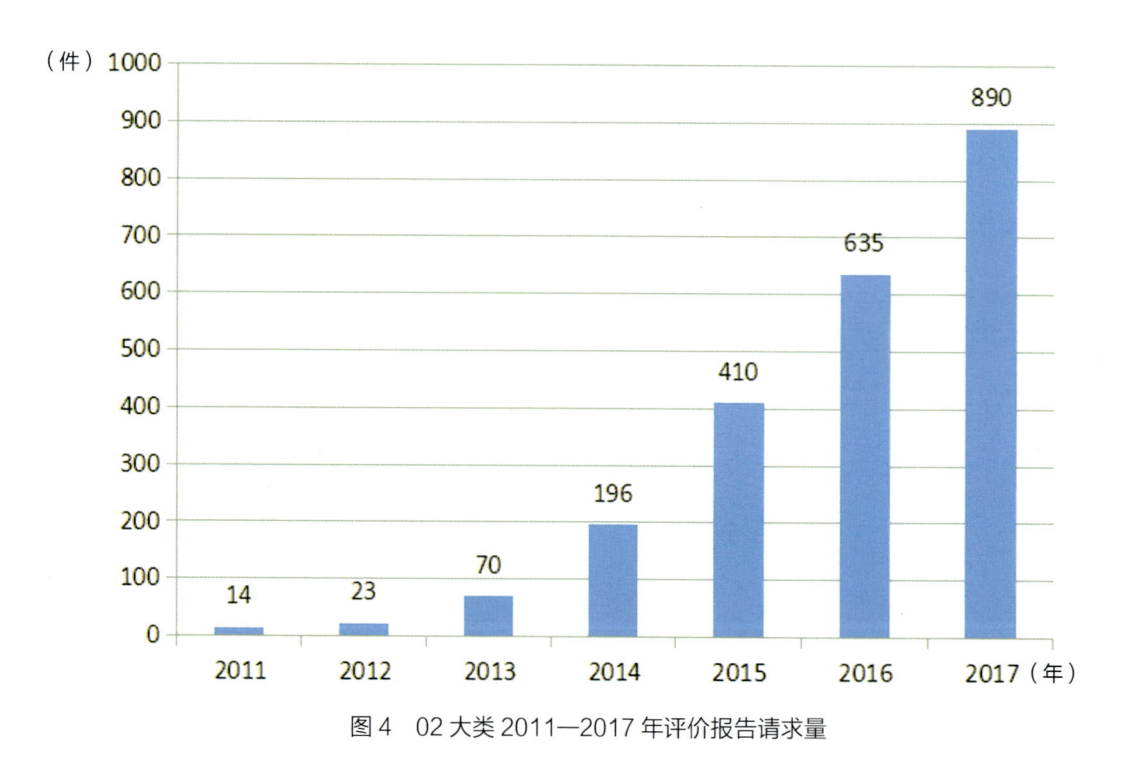

图 4　02 大类 2011—2017 年评价报告请求量

3. 服装类实用艺术品发展趋势

在人类工业化批量生产模式不断普及，产品成本急速下降产量猛增的大背景下，现代服装设计的发展经历了从个体定制到批量成衣的销售模式变化，消费对象从上流社会扩大到普通大众，设计风格越来越多元化，满足越来越多不同受众的个性化需求。

3.1 现代服装设计发展史 ❶

设计师沃斯（Charles Frederick Worth）是目前普遍公认的现代服装设计创始人。19世纪中期，其在巴黎开创了以上流社会贵妇人为特定顾客的高级定制女装业。高级定制时装必须根据个体量体裁衣，还要求用料高档、设计和做工精致，每件服装都是个性化制作，价格昂贵，对应的是很小的消费群体。从实用艺术品的角度看，高级定制时装虽仅满足个人穿着，属于实用品，但因其具有极高的艺术性，就像电影、音乐、美术一样，其本身就是一种艺术表现形式，因此具有较高的艺术性。目前，只有出席如婚礼、颁奖典礼、国礼等重大社交场合，名流们才会穿着"高定"的礼服。

20世纪60年代，由于高级定制时装业的萎缩，许多高级定制时装店开设了高级成衣专柜，这些服装的灵感常常源于高级定制时装，由于是半定做的成衣化生产，价格较高级时装低，但仍属于奢侈品。20世纪70年代，高级定制时装与高级成衣之间的界限日渐模糊，现代艺术设计的思潮又融入高级成衣的设计上，例如大胆使用对比色和基础几何图形的波普艺术直至今天仍在高级成衣上有所体现。

随着大众消费的升级，越来越多基于批量化生产的服装设计公司创立了大众成衣品牌，时装的消费对象逐渐普及一般的中低档消费者。大众成衣的价格是普通大众都可以承担且有能力经常购置的，而快节奏的生活和复杂多样的受众使得大众成衣的艺术风格必然是丰富多变、兼收并蓄的。对于追求时尚的消费者而言，再也不满足于衣柜里有够穿的应季服装，而更追求服装的多样，或者热衷模仿偶像，或者享受自我搭配。针对这些特点，大众成衣中出现了一些便于百搭的基本款，还有一些销量极高的"爆款"。这些服装的艺术性则高低不一，在大众审美水平普遍提高的今天，我们对艺术的定义也在发生变化。

3.2 典型的艺术表现方式 ❷

当前的服装设计风格多样，且互相融合，不断产生新的视觉效果，笔者尝试在此列举几种较典型的艺术表现方

---

❶ 参考刘元风、胡月主编：《服装艺术设计》，中国纺织出版社，第1篇第3章。
❷ 参考刘元风、胡月主编：《服装艺术设计》，中国纺织出版社，第2篇第1章。

式，它们普遍具有统一的服装符号和很强的形式感。

3.2.1 传统民族方式

民族风格服装包括民族盛装华服、演出服饰、符合日常穿着的改良民族服装和含民族元素的服装。服装以绣花、蓝印花、蜡染、扎染等传统工艺为主，面料一般为棉和麻，图案沿袭各民族多年的经典图样，多为花鸟虫鱼，色彩或浓郁或素雅，款式多为平面剪裁。在我国，民族风格服装除少数民族服装外，还包含了中式汉族复古服装，如目前流行的汉服、唐装、旗袍等，当然广义的民族风格服装还包括日本、印度、拉美等国家或地区的传统民族服饰。（参见图5至图8）

图5❶　　图6❷　　图7❸　　图8❹

3.2.2 西方复古方式

由于现代服装设计发展的轨迹是从西方影响东方开始，而后各民族服装意识觉醒，因而狭义的复古通常指仿照西方早期服装穿着方式再创作的服装，包括希腊风格、田园风格、欧式宫廷风格、英伦风格等。上述风格虽在色彩款式上区别较大，但大多推崇非工业化时代亲近大自然或者从容优雅的审美理念，多取材自树木、花朵、蓝天和大海等自然元素，色彩淡雅，造型工整对称。（参见图9至图12）

---

❶ 图5来源：http://huaban.com/pins/1377655422/，最后访问日期：2018年9月26日。
❷ 图6来源：https://www.dailyfashion.cn/lookbook.php?id=7273，最后访问日期：2018年9月26日。
❸ 图7来源：http://www.gzfatr.com/ninfo.asp?id=675，最后访问日期：2018年9月26日。
❹ 图8来源：https://www.theindianrose.com/can-i-wear-saree-in-dubai/，最后访问日期：2018年9月26日。

3.2.3 青年流行方式

青年流行方式是以青年文化为核心孕育起来的服饰风格。"二战"结束后开始的消费时代，年轻人的叛逆、创造力和大胆追求，使得一批崭新风格的服饰和着装形式出现，包括波普风格（POP）、波西米亚风格（Bohomian Chic）、朋克风格（PUNK）、嘻哈风格（HIP-HOP）、中性风格等。（参见图13至图17）

图9❶　　图10❷

图11❸　　图12❹　　图13❺

---

❶ 图9来源：http://huaban.com/pins/30583005/，最后访问日期：2018年9月26日。
❷ 图10来源：https://m.nvsay.com/article/79206-2.html，最后访问日期：2018年9月26日。
❸ 图11来源：https://www.damamm.com/tag/se-cai/page/18，最后访问日期：2018年9月26日。
❹ 图12来源：http://www.sohu.com/a/125352785_573139，最后访问日期：2018年9月26日。
❺ 图13来源：http://www.beleeda.com/read/2920171022/，最后访问日期：2018年9月26日。

图 14❶　　　图 15❷　　　图 16❸

图 17❹

未来，随着新材料新工艺的不断涌现，绘画、雕塑、建筑等其他艺术的跨界融入，可以预见服装设计在实用性和艺术性两个维度上的融合发展将更加丰富多彩！

---

❶ 图 14 来源：http://www.telva.com/pasarelas/albumes /2014/09/30/valentino-primavera-verano-2015/index-56.html，最后访问日期：2018 年 9 月 26 日。

❷ 图 15 来源：http://huaban.com/pins/609433672/，最后访问日期：2018 年 9 月 26 日。

❸ 图 16 来源：https://www.vogue.co.uk/gallery/celine-fashion-hits，最后访问日期：2018 年 9 月 26 日。

❹ 图 17 来源：https://www.businessoffashion.com/articles/intelligence/will-genderless-fashion-work-retail，最后访问日期：2018 年 9 月 26 日。

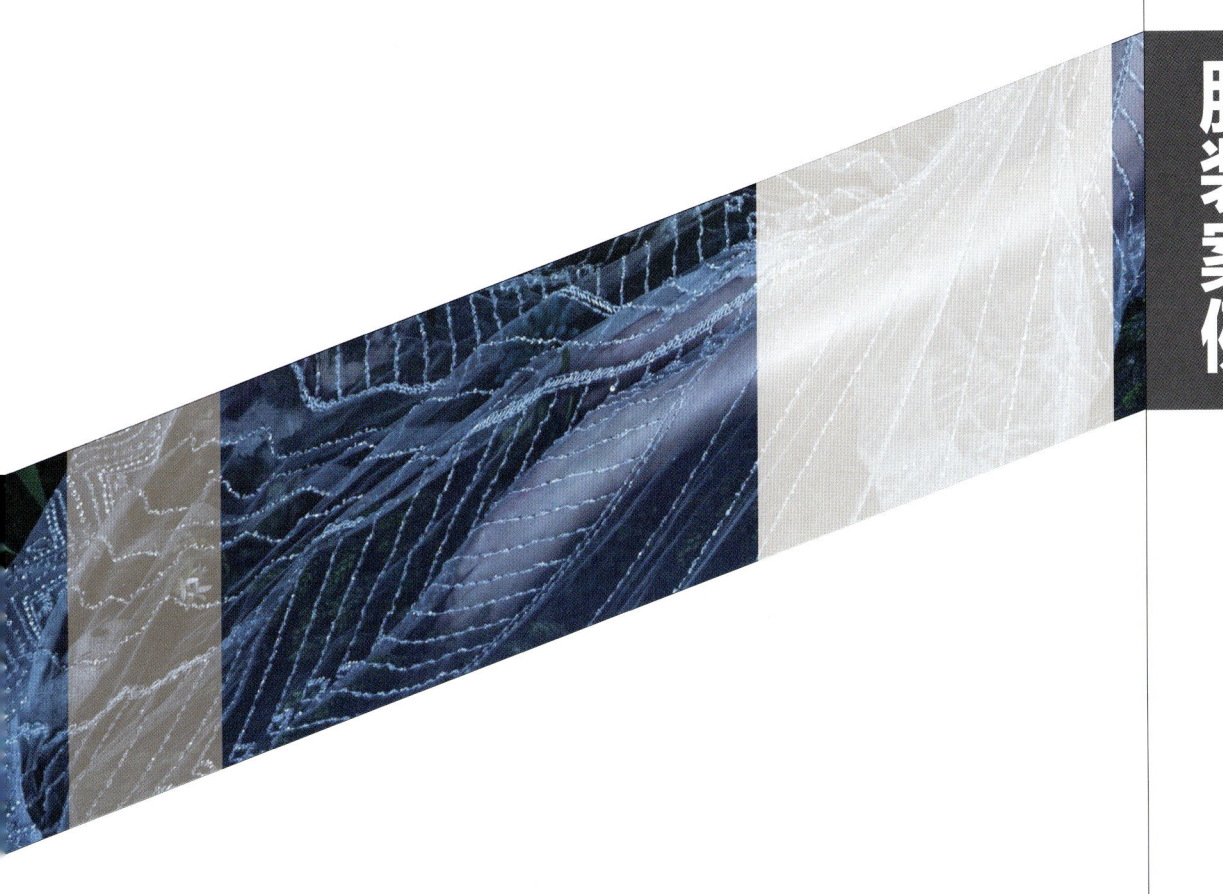

服装案例

【专利号】ZL201730286518.0
【产品名称】帽子
【专利号】ZL201730286886.5
【产品名称】服装套件（女士外套－旗袍）
【专利权人】海南航空控股股份有限公司
【设计人】许建树
【设计介绍】许建树又名"劳伦斯·许"，是中国为数不多拥有法国高端服装定制发布资格的设计师之一，其作品最大的特点就是"中西合璧"——西化的立体裁剪，设计元素却极尽古典东方的韵味。2013年成为第一位受法国服装协会邀请登上巴黎服装高级定制周T台的中国设计师，其精工细造的"金云锦"被评选为年度全球最奢侈15件服饰之一。

【专利号】ZL201730286888.4
【产品名称】服装套件（女士大衣－斗篷）
【专利权人】海南航空控股股份有限公司
【设计人】许建树
【设计介绍】海天祥云（The Rosy Clouds）是对海南航空25年卓越历程的致敬，也是在连续7年蝉联SKYTRAX五星航空荣誉并跃入全球TOP10航企之后再度为国际旅客呈现提升视觉感受的重要举措。全新制服以中国国服旗袍形状做底，领口为祥云漫天，下摆为江涯海水，以"彩云满天"为基，寓意海航大鹏鸟翱翔于云海之间，构成独具海南航空特色的东方之美；整体色彩以灰色为基底，搭配黄色海浪和红色蝠燕，凸显了恢弘大气的宫廷设计观，也暗喻了辉煌的皇家气质，传递着东方的神圣魅力；旗袍袖口采用七分袖，简洁大方的视觉更增加了空乘干练感，又营造出精确和专业化的观感；外套、斗篷等采用精致的西式立体剪裁，既紧跟时尚潮流，又彰显了国际化品质和品位。同时，新制服也继承和升级了先前四代制服的经典元素，使之一脉相承，向历代制服致敬的同时，也传承了海南航空的青春芳华。

【专利号】ZL201430411695.3
【产品名称】连衣裙（蔷薇卧枝）
【专利权人】深圳东方逸尚服饰有限公司
【设计人】罗峥

"东方逸尚"董事长兼艺术总监、中国服装设计师协会理事、时装艺术委员会委员，中国著名女装设计师品牌"OMNIALUO欧柏兰奴"创始人，中国时装设计最高奖"金顶奖"获得者，于2005年获得"中国设计业十大杰出青年"称号，中国首位亮相纽约时装周的女装设计师，2014年北京APEC会议女领导人服装主设计师。

【设计介绍】盆领的造型设计，以蔷薇为主的花型，从肩线处为起点向下扩延，营造出"绿杨烟外晓寒轻，红杏枝头春意闹"的感觉，整体更具有春意盎然的勃勃生机；枝叶随风而起，使得穿着者更具有翩若惊鸿，婉若游龙之感。（注：专利产品为左侧模特穿着款。）

【专利号】ZL201730106565.2

【产品名称】连衣裙（金韵国香）

【专利权人】罗峥

【设计人】罗峥

【设计介绍】经典的 A 型款，以牡丹为灵感，融合中国传统文化中牡丹雍容华贵的寓意，以温润的浅粉为主，面料选用真丝、乔其纱、金属丝、精纺羊毛、羊绒料等质地温润的面料，款式简约得体，注重空间感的呈现，运用到抽褶数码印花、刺绣、面料再造等工艺。此款作品，款式为落肩偏休闲的廓形外套，大气典雅，再配以水墨风工笔风格的牡丹，优雅大气富贵。

【专利号】ZL201630003455.9

【产品名称】婚纱（38-VIGY51390）

【专利权人】广州薇爱服饰有限公司

【设计人】张宏伟

又名"William Zhang"，原创婚纱设计品牌——薇爱V&LOVE、WILLIAMZHANG高级定制、威廉张国际教育等创始人。被誉为"美到窒息的梦幻主义大师"、中国婚纱礼服教父。其设计风格奢华高贵，性感仙美，作品多次出现在戛纳电影节、威尼斯电影节等国际电影节和米兰时装周、巴黎时装周、纽约时装周等各大国际时装周。

【设计介绍】迷幻雨林摇曳出源于自然的曼妙光影，灵感来源于神秘的雨林，提取雨林中最为轻柔的颜色和线条，刻画出属于高级定制的浪漫之美。

【专利号】ZL201630121688.9
【产品名称】婚纱（68-VIT51563）
【专利权人】广州薇爱服饰有限公司
【设计人】张宏伟
【设计介绍】独特的波浪形小V口抹胸，特色的水晶蕾丝上身可以塑造出一种很典雅的气质。蓬裙改良自法国复兴洛可可时期的流行服装样式设计，整体的风格既复古又奢华，如同童话中的公主。
（注：专利产品不含模特佩戴的头巾。）

【设计介绍】该款礼服又名"花王争艳"(黑底红牡丹水纹褂裙)。

黑色又称玄色,在古代是帝王的服饰颜色,象征着权力和至高无上的荣耀。红色是我们传统的中式嫁衣独有的颜色。黑色与红色相结合,稳重大气,传统色彩与现代设计相结合,理念新颖且端庄优雅。

牡丹花作为是我国的国花,象征着高贵、典雅、昌盛繁荣,意味着家族的兴旺,血脉的传承。

水纹最早出现在帝王的龙袍上面,象征着权利和财富。该礼服的水纹图案在传统水纹纹样的基础上还加入了圆水和水浪的形式,使得水文的表达更具象更立体,与牡丹花呼应交错相得益彰。

刺绣的手法是在精湛的传统技法基础上进一步改良与创新,绒线绣和盘金绣巧妙地结合在一起,让此褂裙刚柔并进,让衣服上的图案更有层次感。款式褂裙在传统旗袍的基础上改良,立领对襟短褂;马面拖尾襕干裙。

【专利号】ZL201230149821.3
【产品名称】礼服(3)
【专利权人】北京玫瑰坊时装定制有限责任公司
【设计人】郭培

玫瑰坊创始人、首席设计师,荣获"全国三八红旗手""北京工艺美术大师"称号,入选《时代周刊》"年度百位全球最具影响力人物"榜单;曾在美国亚特兰大举办"超越高定"个人设计作品展,2016年受法国高级定制时装协会(The Chambre Syndicale de la Haute Couture)邀请以"客座成员"身份,出席当年春夏巴黎高级定制时装周的官方日程,成为该协会成立158年以来,第一位正式受邀并列入官方日程的亚洲设计师。

【专利号】ZL201230150213.4
【产品名称】礼服（7）
【专利权人】北京玫瑰坊时装定制有限责任公司
【设计人】郭培

【设计介绍】该款嫁衣礼服又名"云肩翘摆凤尾裙"。

其以传统的中式云肩作为设计灵感延伸的。云肩，也叫披肩，古代置于肩部的装饰织物，最初只是用以保护领口和肩部的清洁，后逐渐演变为一种装饰物，多以彩锦绣制而成，晔如雨后云霞映日，晴空散彩虹。此件礼服具有建筑檐、脊的造型结构，采用双层柳叶式云肩，整体设计精巧。

此件凤尾裙的刺绣将日本、波斯等国家的图案风格与中国官窑百花瓶上的图案结合起来，营造出甜蜜旖旎的梦幻之感和热闹喧腾的喜庆氛围。刺绣中有百花百蝶，花和蝴蝶相互呼应，蝴蝶形状优美、千姿百态，百花艳丽多姿，象征女性美貌姣好。蝴蝶飞舞又是一幅美丽的生活情景，让人感觉温暖、富有生活情趣。蝴蝶又被古人认为是爱情的象征，民间有"梁祝化蝶"的传说，表达了至美至真的生死恋情；"彩蝶双飞"则经常被用于婚嫁饰品中，祝福新郎新娘白头偕老。又因"蝴"跟"福"谐音，是福禄吉祥的象征。

刺绣是中国民间传统手工艺之一，在中国至少有二三千年历史。这件作品融合了刺绣的四大门类，在此基础上还加入满地绣、盘金等使图案，表达更立体传神。

【专利号】ZL201330314282.9
【产品名称】衣服（太极）
【专利权人】艾图爱（北京）体育用品有限公司
【设计人】隗立平
【设计介绍】产品创意源自太极八卦图形，人体穿着后视觉重点在前胸部位，使人体感觉挺拔、富有曲线并具有运动服装的动感，多色系及印花方式结合太极的图案变化，形成独特视觉效果。

【专利号】ZL201230302339.9
【产品名称】旗袍（1）
【专利权人】内蒙古焱太经贸有限责任公司
【设计人】王风之
【设计介绍】该款设计将青花瓷的造型元素融入传统旗袍设计中，整体线条流畅玲珑，端庄秀丽。复古立领设计贴合颈部线条，含蓄典雅，给人以高贵矜持的美感。秃袖裁剪到位，使手臂线条显得更加修长，小巧的袖边采用双包边工艺，完美修饰手臂线条。盘扣采用纯手工制作。简约的开叉下摆，穿着舒适优雅。

（注：本专利包含四项相似设计。）